Rudolf Steiner

Die Ätherisation des Blutes
Die Zukunft der Erde und der Liebe

Ein Vortrag, g

in Basel am 1. Oktober 1911

Rudolf Steiner
Ausgaben

im Archiati Verlag

Der Wortlaut der im Archiati Verlag gedruckten Vorträge von Rudolf Steiner geht auf die ursprünglichen Klartextnachschriften und Erstdrucke zurück, unter Berücksichtigung der danach erfolgten Veröffentlichungen.

1. Auflage 2012

Herausgeber und Redakteur machen in Bezug auf den
hier gedruckten Text Rudolf Steiners keine Rechte geltend.

Herausgeber: Archiati Verlag e. K. (Monika Grimm), Bad Liebenzell

Redaktion: Pietro Archiati, Bad Liebenzell

Korrektorat: Dr. Gerhard Hüttig, Schwanewede

Druck: GGP Media GmbH, Pößneck

ISBN: 978-3-86772-257-5

Archiati Verlag
Burghaldenweg 37 · D-75378 Bad Liebenzell
Telefon: (07052) 935284 · Telefax: (07052) 934809
anfrage@archiati-verlag.de · www.archiati-verlag.de

Inhalt

Die Ätherisation des Blutes

Basel, 1. Oktober 1911

Meine lieben Freunde!

Es wird vom Menschen der heutigen Zeit Selbsterkenntnis gefordert, und diese ist nicht so leicht zu erlangen, wie manche glauben möchten. Der Mensch soll sich aber vor die Seele rücken, warum es so schwierig ist, zur Selbsterkenntnis zu kommen.

Wir gehören mit unseren verschiedenen Leibern (Wesensgliedern) unterschiedlichen Welten an. Das Innenleben des Menschen ist kompliziert. Der Mensch muss Geduld und Ausdauer haben, um diesen Wunderbau nach und nach zu durchdringen.

Es treten da zweierlei Pole hervor, ein heller und ein dunkler Pol. Das sind zwei Lagen im Leben des Menschen. Nehmen wir zwei verschiedene Beispiele:

- Ein Mensch geht auf der Straße, versunken *in Gedanken,* in der Betrachtung eines Gegenstandes.
- Ein anderer Mensch geht über die Straße, er wird von jemandem gestoßen, glaubt sich beleidigt und versetzt ihm *im Zorn* einen Schlag.

Der Zweite hat nicht viel nachgedacht, er hat die Impulsivität des Willens. Der Erste ist willenlos.[1]

Nehmen wir die Polarität von Wachen und Schlafen. Eigentlich schläft der Mensch immer, nur anders bei Tag und anders bei Nacht. Er wacht bei Nacht erst beim Schauen in die geistige Welt auf.

Der Mensch hat wenig Gewalt über seinen Willen. Wenig von dem, was er tut, ist aus seinem Zentrum heraus verursacht. Warum?

Weil der Wille des Menschen bei Tag schläft. Nichts können wir dagegen machen. Nur auf dem Umweg des Schlafes arbeitet unser Wille. Der Wille wacht im Schlaf.

Eine Anregung zur Meditation ist: Bei Nacht schläft das Vorstellungsleben und es wacht der Wille. Umgekehrt ist es bei Tag.

Das ganze Seelenleben des Menschen liegt zwischen Wollen und Vorstellen.

Dem Materialisten erscheint das Vorstellungsleben als etwas Unreales. Der Mensch kennt seine Gedanken nicht. Seine Gedanken sind Schattenbilder von der astralen Welt°. (S. Zeichnung nächste Seite).

---

1 Die Handschrift (s. S. 53 u. 16) vertauscht versehentlich die zwei Menschen: «Letzterer hat nicht viel nachgedacht. Der erste hat die Impulsivität des Willens. Der 2te ist willenlos.»

Das Gedankenleben kommt von der Astralwelt° in das menschliche Gehirn herein. Da unterscheiden wir sympathische (bejahende) und unsympathische (verneinende) Gedanken.

Das Wohlwollen und das Übelwollen, oder Sympathie und Antipathie, das sitzt in unserem Haupt und kommt herein von der Astralwelt°.

In unserer Brust sind die Gefühle aus der niederen geistigen° Welt, das heißt die Abschattungen davon.

Ästhetisches Gefühl und Moral sind zweierlei. Das Gute selbst zu tun, kommt aus dem Nirwana, aus der höheren himmlischen (geistigen) Welt. Schattenbilder sind es, die die Verbindung der beiden Pole bewirken:

s. S. 54

7

1. das Wachen in Bezug auf den *Intellekt* bei *Tag,*
2. das Wachen in Bezug auf den *Willen* bei *Nacht.*

So wie der Mensch heute ist, kann er nur etwas über den intellektuellen Pol. Im Moralischen müssen ihm die Götter helfen. Dann können wir das, was wir in Gedanken aufnehmen, in Güte und Liebe umwandeln.

Zwischen Denken und Wollen ist das Fühlen – wie zwischen Wachen und Schlafen das Träumen ist.[2] Es wäre für den Menschen traurig, tagsüber immer nur zu wachen und nicht einen Teil seiner Zeit zu verwenden, um in der Kunst und Ähnlichem zu «träumen».

Herrlich ist es, sich seinen Träumen zu überlassen. Auch bei Tag zu träumen ist gut. Das nennt man das Leben in der Fantasie. Hinträumen bei Tag ist wie das Träumen bei Nacht.

Der tiefe Schlaf ist die Wirkung der Moralität auf den Willen.

Das hellseherische Auge sieht Lichtströmungen, die vom Herzen zum Gehirn heraufsteigen und die Zirbeldrüse umspielen, die im Gehirn wie eine Laterne hängt.

Diese Strömungen bewirken im Wachzustand die Auflösung des Blutes in eine ätherische Substanz. Im Schlafzustand gehen

2 Dieser Satz wurde vom Redakteur hinzugefügt.

Strömungen von außen herein, die je nach der Gesinnung und den Gedanken des Menschen sehr verschieden sind.

So ist zum Beispiel die Eitelkeit dort sehr gut erkennbar, sie wird durch diese Strömungen leicht verraten. Da strömt eine rotbraune Farbe ein, während bei edler Gesinnung eine lila Farbe einströmt.

So zeigt sich beim Schlafen oder Wachen die Harmonie oder der Kampf ab- und aufwärts zwischen der Herzgegend und der Zirbeldrüse. Bei edler Gesinnung strömt ein glimmendes, vollkommen ruhiges Licht aus. Bei schlechter Gesinnung ist es ein Kampf bis in die Herzgegend.

Wie im Mikrokosmos (im Menschen) so ist es auch im Makrokosmos (in der großen Welt). Das Mysterium von Golgota bewirkte ein Verdünnen, ein Ätherisieren der Blutsubstanz (des Jesus von Nazareth). Dieses Blut ist etwas ganz Besonderes gewesen. Es hatte in sich eine verbindende Substanz mit der Erde.

Dieses Blut machte einen Ätherisierungsprozess durch. Es wirkt mit in der Strömung von unten nach oben. Das ätherische Blut des Jesus von Nazareth strömt mit dem Blut des Menschen zusammen, wenn das richtige Verständnis für den Christus-Impuls da ist. Wenn nicht, so stoßen sich die beiden Substanzen ab.

Denken wir an die Johannes-Taufe und an die Worte: Ändert den Sinn. Damit sollen wir dasjenige befeuern, was vom Herzen zum

Gehirn strömt. Wir sollen den ätherischen Christus begreifen lernen, das Schauen der Christus-Gestalt erleben.

Der ätherische Christus wird den Mühseligen und Beladenen erscheinen. Er wird Trostesworte sprechen, die man fühlen, die man auch hören kann. In Versammlungen wird er erscheinen. Alles andere ist völlig unbedeutend dagegen. Es sind die Christuskräfte positive Kräfte.

Wie ganz anders sind die Menschen von heute gegenüber den früheren Erdenmenschen! Früher bauten sich die Menschen Häuser und Paläste aus lebenden Pflanzen, aus Bäumen, indem sie diese übereinanderbogen. Heute wird erst alles gefällt, getötet, zerstört, um Häuser zu bauen.

Bis in die atlantische Zeit war der Erdenprozess ein aufbauender, von da an ist er ein zerstörender. Das elektrische Licht zerstört sich in sich selbst. Der Magnetismus ist zerstörte chemische Kraft.

Die Erde muss zerstört werden, der Erdenleib muss zerstört werden, um das Geistige der Erde frei zu machen, um zu dem Jupiter (Neue Erde) zu gelangen.

Es müssen die geistigen Kräfte ins Erdendasein eindringen. Die Erde muss ätherisch werden. Ein solcher ätherischer Leib muss wirken können an hundert, an tausend Orten zugleich.

Dann verschmelzen die beiden Pole zur Einheit. Der Wille soll durchdrungen werden vom Guten und Wahren. Sokrates hat «geträumt» davon, dass die Tugend lehrbar sein wird. Das wird wahr werden.

Schopenhauer sagt: Moral predigen ist leicht, Moral begründen ist schwer. Paulus sagt nicht umsonst: Der Geist ist willig, aber das Fleisch ist schwach.

Das moralische Gute gehört zur Erde. Die luziferischen, die ahrimanischen und die asurischen Mächte sind böse. Sie befallen den Menschen so, dass er böse wird. Je größer das Gute, desto schlimmer ist das Böse. Luzifer wirkt in der Astralsphäre, Ahriman in der niederen geistigen° Welt und die Asuras wirken in der höheren geistigen° Welt.[3]

Die Asuras haben sich bis jetzt noch nicht gezeigt, sie sind die furchtbarsten der drei bösen Mächte. Erst wenn die moralische Atmosphäre sich verstärkt haben wird und die Erde in eine moralische Äthersphäre getaucht sein wird, wenn keine Gefahr des Missbrauchs der Asuras-Kräfte mehr da sein wird, erst dann wird es die Entdeckung

---

3 In der handgeschriebenen Nachschrift (s. S.58) wird die Reihenfolge irrtümlich aufgeführt (Ahriman, Luzifer, Asuras) – richtig ist: Luzifer, Ahriman, Asuras. Mit «Luzifer» bezeichnet man in der Geisteswissenschaft die notwendigen Gegenkräfte zur Entwicklung des Guten auf der Ebene der Engel, mit «Ahriman» die Gegenkräfte auf der Ebene der Volksgeister und mit «Asuras» die Gegenkräfte auf der Ebene der Zeitgeister.

der Asuras-Kräfte geben. Schon Buddha sprach davon, die indischen Rishis sprachen davon.

Die Feuer- und Lichtsöhne sind Gefolgschaften des Christus. Es sind Akasha-Gestalten (übersinnliche Gestalten), die Agnisattwa (Agni = Feuer; Sattwa = das Seiende/Wesen) genannt werden. Die orientalische Mystik muss sich mit dem Christentum des Abendlandes verbinden.

Hundert Jahre vor Christus war Jeshu ben Pandira (Jesus, Sohn des Pandira) da. Dreitausend Jahre nach unserer Zeit wird derselbe der Maitreya Buddha (Lehrer des Guten) sein. Jetzt ist er der Bodhisattwa.

Erkennen kann man den, der er sein wird, daran, dass er so heranwächst, dass in seiner Jugend niemand ahnen wird, wer er ist.

Der Mensch hängt mit allen höheren Wesen zusammen. Welten sind die Leibesglieder der höheren Wesen, wie unser physischer, ätherischer und astralischer Leib unsere Glieder sind.

Wir sollen uns unserer Menschenwürde bewusst sein. Wir sollen Demut und Bescheidenheit in uns pflegen, und so dem Makrokosmos und den Göttern entgegentreten.

Anhang:
Überlieferte längere Fassung im Textvergleich
S. 14-42

Selbsterkenntnis.
Logenvortrag von Dr. Rudolf Steiner, gehalten
zu Basel, am 1. Oktober 1911.

Vortrag von
Hr. Dr. Steiner
Basel 1. Okt. 1911.

Die Selbsterkenntnis des Menschen ist zwar als eine Aufforderung an unsere Seele durch alle Zeiten hindurch, in denen man mystisch oder realistisch oder sonst überhaupt nach Erkenntnis gestrebt hat, gefordert worden; doch ist, wie ja auch schon bei anderen Gelegenheiten wiederholt betont werden musste, diese Selbsterkenntnis der Seele, der menschlichen Seele, keineswegs so leicht, als recht viele auch unter den Theosophen sich zuweilen noch vorstellen. Und die Schwierigkeiten der menschlichen Selbsterkenntnis sind etwas, was der Theosoph sich doch immer wieder und wiederum vor die Seele rücken sollte, weil ja auf der anderen Seite diese Selbsterkenntnis das Notwendigste ist, wenn wir überhaupt zu einem menschenwürdigen Ziel im Weltensein, zu einem wirklichen menschenwürdigen Dasein und Handeln kommen wollen. Wir wollen uns heute nun ein wenig zunächst, meine lieben theosophischen Freunde, mit der Frage beschäftigen, warum denn Selbsterkenntnis für den Menschen schwierig sein muss!

Nun sehen Sie, der Mensch ist ja nun einmal ein recht kompliziertes Wesen und wenn wir etwa sprechen von menschlichem Seelen- und menschlichem Innenleben, so wollen wir uns dieses Seelenleben, dieses Innenleben keineswegs elementar oder einfach von vorne herein vorstellen, sondern wir sollen die Geduld und die Ausdauer haben, immer tiefer dringen zu wollen, um diesen Wunderbau, diese wunderbare Organisation der göttlich-geistigen Weltenmächte, als welche der

Marginalien (Handgeschr. Nachschrift):

Es wird von den Menschen der heutigen Zeit gefordert die Selbsterkenntnis,

u. dieselbe ist keineswegs so leicht wie manche glauben möchten.

Der Mensch sollte sich aber vor die Seele rücken,

warum diese Selbsterkenntnis eben so schwierig ist?

Wir gehören mit unseren verschiedenen Leibern verschiedenen Welten an. Das Innenleben des Menschen ist aber auch keineswegs so einfach u. der Mensch muss Geduld u. Ausdauer haben u. diesen Wunderbau

nach u. nach
durchdringen.

Mensch erscheinen kann, nach und nach wirklich zu durchdringen.

Zweierlei kann uns auffallen – bevor wir in das Wesen des Erkennens eindringen – an dem Leben der menschlichen Seele. Gleichsam wie der Magnet Nordpol und Südpol hat, wie in der Erscheinung der Welt draußen hell und dunkel als Hauptschattierungen des Lichtes vorkommen, so hat die Seele auch zwei – man möchte sagen Seelenpole ihres Daseins. Diese beiden Pole können uns erscheinen, wenn wir den Menschen in – sagen wir – zwei Situationen, zwei Lagen des Lebens betrachten. Eine solche Lebenslage würde etwa für das seelische Leben gegeben sein, wenn wir einen Menschen – nun sagen wir einmal – auf der Straße stehen sehen, ganz verloren in die Betrachtung einer schönen, hehren, auffallenden Naturerscheinung. Wir sehen, wie er keine Hand bewegt, kein Bein bewegt, wie er fast das Auge nicht abwendet von der Naturerscheinung oder dem Gegenstand, der ihm auffällt und den er betrachtet, und wir gewahren, dass er im Innern beschäftigt ist, sich Bilder zu machen von dem, was er vor Augen sieht. Wir sagen: Er ist in Betrachtung versunken. Er stellt sich seine Umgebung vor. Das wäre die eine Situation, die wir betrachten wollen. Eine andere Situation wäre die folgende: Irgendein Mensch geht über die Straße und er fühlt sich von einem anderen Menschen beleidigt, verletzt. Ohne viel nachzudenken geht sein Zorn, sein Ärger mit ihm durch und er macht als Ausfluss seines Zornes dieses: Er gibt dem, der ihn beleidigt hat, einen Schlag oder dergleichen. Wir gewahren da eine Erscheinung derjenigen Kräfte, die aus dem Zorn, dem Ärger

Es treten da 2erlei Pole hervor.

Ein heller u. ein dunkler Pol und das sind

2 Lagen des Lebens des Menschen. Nehmen wir zwei verschiedene Beispiele:

1.) Ein Mensch geht auf der Strasse, versunken in Gedanken, in Betrachtung

eines Gegenstandes.

2.) Ein anderer geht über die Strasse, er wird gestossen, glaubt sich beleidigt u.

versetzt einem Andern einen Schlag im Zorn.

15

entspringen. Wir werden da Willensimpulse gewahr und wir können uns ganz gut vorstellen, dass nicht viele Gedanken und Vorstellungen diesem Impuls vorangegangen sind, dass der Betreffende vielleicht nicht ausgeholt hätte zum Schlag, dass er den Ausbruch des Zornes verhindert hätte, wenn er viel nachgedacht hätte. Wir haben da zwei extreme Handlungen vor uns hingestellt: die eine, die sich ganz als eine Vorstellung zeigt, bei der der bewusste Wille ganz ausgeschaltet ist; und die andere, bei der das Vorstellungsleben ausgeschaltet wird und wo der Mensch sogleich zur Äußerung eines Willensimpulses übergeht. Das sind die zwei Dinge, die uns überhaupt die zwei extremen Pole der menschlichen Seele darstellen. Das Impulsive des Willens ist der eine Pol, das willenlose Hingegebensein in die Betrachtung, die Vorstellung, das Denken, während der Wille schweigt, das ist der andere Pol. So hätten wir die Tatsache ganz exoterisch, rein durch Betrachten des äußeren Lebens vor uns hingestellt. Wir können nun etwas tiefer gehen und wir kommen dann in diejenigen Sphären, in denen wir uns nur dann ganz zurecht finden, wenn wir die okkulte Forschung zu Hilfe nehmen. Eine andere Polarität tritt uns da entgegen; das ist die Polarität, die im Verlauf von 24 Stunden im Leben abwechselt; die Polarität von Wachen und Schlafen. Wir wissen ja, was in okkulter Beziehung der Schlaf und das Wachen bedeuten: Nach den Elementarbegriffen unserer theosophischen Erkenntnis wissen wir, dass im Wachen die 4 Glieder, physischer, ätherischer und astralischer Leib und Ich organisch ineinander stecken, in einander wirken; dass im Schlaf aber physischer Leib und Ätherleib im

Letzterer hat nicht viel nachgedacht. Der erste hat die

Impulsivität des Willens. Der 2te ist willenlos.

Nehmen wir die Polarität von Wachen und Schlafen.

Bette liegen, Astralleib und Ich aber wie ausgegossen sind in der ganzen großen Welt, die unmittelbar an unser physisches Dasein angrenzend ist. Wir können auch die Tatsache noch anders behandeln. Wir könnten nämlich auch da einmal uns fragen: Wie steht es denn eigentlich mit dem Betrachten der Welt des Lebens, dem Vorstellen und Denken und dem Willen und seinen Impulsen nach, beim Wachen und beim Schlafen? Sehen Sie nun, wenn man tiefer geht, so zeigt es sich, dass in einem besonderen Sinn der Mensch in seinem gegenwärtigen physischen Dasein eigentlich immer schläft. Er schläft nur in der Nacht anders als bei Tage. Rein äußerlich können Sie sich das schon vergegenwärtigen, da Sie wissen, dass man bei Tage okkult aufwachen kann, hellsichtig werden kann, in die geistige Welt hinein sehen kann. Der gewöhnliche physische Leib ist gegenüber dieser Betrachtung eingeschlafen und man kann sagen, es ist ein Aufwachen, wenn der Mensch lernt, seine geistigen Sinne zu gebrauchen. Und in Bezug auf den Nachtschlaf ist es klar, dass der Mensch da schläft. Sodass man sagen kann, der gewöhnliche Schlaf ist ein Schlaf in Bezug auf die äußere physische Welt, das Tagesbewusstsein ist gegenwärtig im [ein] Schlaf in Bezug auf die geistige Welt. Wir können uns diese Tatsache noch in ganz anderer Weise vor Augen führen: Wenn man tiefer geht, so merkt man, dass der Mensch im gewöhnlichen wachenden Zustande seines physischen Lebens über seinen Willen in der Regel recht wenig Gewalt hat. Der Wille ist etwas, was sich dem Tagesleben gar sehr entzieht. Wollen Sie einmal aufmerksam betrachten, was wir menschlichen Willen nennen, so werden

Eigentlich schläft der Mensch immer. Nur anders bei Tag u. anders bei Nacht.

Er wacht erst auf beim Schauen in die geist. Welten.

Wenig Gewalt über seinen Willen hat der Mensch.

17

Handgeschr. Nachschrift	Maschinengeschriebene Nachschrift (gleichlautend mit GA 130)

Sie sehen, wie wenig sich der Mensch während des Tageslebens in der Gewalt hat in Bezug auf die Willensimpulse. Betrachten Sie, wie wenig von dem, was Sie vom Morgen bis zum Abend tun, wirklich aus eigenem Denken und Vorstellen, aus persönlichem, individuellem Entschluss hervorgeht. Sie können, wenn irgendwer an die Tür klopft, und Sie sagen «herein», dies nicht einen wirklichen Entschluss Ihres eigenen Denkens und Willens nennen; Sie können unmöglich, wenn Sie hungrig sind, und sich zu Tisch setzen, sagen, das wäre ein Willensentschluss von Ihnen; denn er ist durch Ihren Organismus, durch Ihren Zustand veranlasst. Und Sie werden sehen, wie wenig der Wille direkt vom menschlichen Zentrum beeinflusst ist. Was ist die Ursache hiervon? Das lehrt der Okkultismus, der zeigt, dass der Mensch in Bezug auf den Willen in der Tat bei Tage schläft; d.h. dass er in seinen Willensimpulsen gar nicht darinnen lebt. Wir können zu immer besseren und besseren Begriffen und Vorstellungen kommen und werden dadurch, dass wir zu solchen besseren Begriffen und Vorstellungen kommen, meinetwegen moralisch geschmackvollere Menschen; aber in Bezug auf den Willen können wir gar nichts machen. Wenn wir bessere Gedanken hegen, können wir indirekt auf den Willen zurückwirken; aber in Bezug auf den Willen können wir, was das Leben anbetrifft, direkt gar nichts machen, denn unser Wille wird erst auf einem Umwege direkt beeinflusst von unserem Alltagsleben, auf dem Umwege durch den Schlaf. Sie denken nicht, wenn Sie schlafen, Sie haben keine Vorstellungen; das Vorstellen und Denken ist es, was in Schlaf übergeht; der Wille dagegen wacht und

Wenig von dem was der Mensch tut ist von seinem Centrum heraus verursacht u. warum?

Weil der Wille des Menschen bei Tag schläft.

Nichts können wir dagegen machen.

Nur auf dem Umweg durch den Schlaf arbeitet unser Wille.

Der Wille wacht im Schlaf.

durchdringt unseren Organismus von außen und belebt ihn. Daher werden wir uns gestärkt fühlen am Morgen, weil das, was in unseren Organismus eindringt, willensartiger Natur ist. Dass wir dieses Arbeiten des Willens nicht wahrnehmen, dass wir nichts davon wissen, mag uns ganz glaublich erscheinen, wenn wir bedenken, dass unser Vorstellen schläft, wenn wir schlafen. Daher wollen wir zunächst eine Anregung für weiteres Nachsinnen, weiteres Meditieren geben. Sie werden sehen: Je weiter Sie in der Selbsterkenntnis vorwärtskommen, desto mehr werden Sie diesen Satz bewahrheitet finden: Der Mensch schläft in Bezug auf seinen Willen, wenn er wacht, und er schläft in Bezug auf sein Vorstellen, wenn er schläft. Bei Tage schläft der Wille; bei Nacht schläft das Vorstellungsleben.

Dies ist eine Anregung zur Meditation.

Bei Nacht schläft das Vorstellungsleben u. es wacht der Wille. Und umgekehrt ist es bei Tag.

Dass der Mensch sich dessen nicht bewusst wird, dass der Wille in der Nacht nicht schläft, rührt daher, weil der Mensch nur im Vorstellungsleben zu wachen versteht. Der Wille schläft nicht in der Nacht, sondern er wirkt da wie in einem wahren feurigen Elemente und arbeitet an seinem Leibe, um herzustellen, was verbraucht worden ist bei Tage.

Es gibt beim Menschen zwei Pole also, die Willensimpulse und das Betrachtungs- oder Vorstellungsleben, und die Menschen verhalten sich in ganz entgegengesetztem Sinne zu diesen zwei Polen. Dies sind aber nur zwei Pole, das ganze Seelenleben liegt in verschiedenen Nuancen zwischen diesen zwei Polen und wir werden jetzt diesem Seelenleben noch etwas näher treten, indem wir versuchen, dieses Seelenleben, das mikrokosmische Seelenleben, in ein Verhältnis zu

Das ganze Seelenleben des Menschen liegt zwischen Wollen u. Vorstellung.

bringen zu dem, was wir als die höheren Welten erkennen. Wir haben aus dem, was gesagt worden ist, ersehen, dass der eine Pol unseres Seelenlebens das Vorstellungsleben ist. Dieses Vorstellungsleben ist etwas, was dem äußeren, materialistisch denkenden Menschen als etwas Unwirkliches erscheint. Nicht wahr, wie oft hört man den Gedanken aussprechen: «Ach, Vorstellungen und Gedanken sind ja *nur* Vorstellungen und Gedanken.» Man will darauf hinweisen, dass, wenn man ein Stück Brot oder Fleisch in die Hand nimmt, dass dies eine Realität ist, dass ein Gedanke aber nur ein Gedanke ist. Man meint, Gedanken könne man nicht essen, sie seien daher nicht real, wirklich. Es sind nur Gedanken! Warum aber sind sie nur Gedanken? Ja, Gedanken sind aus dem Grunde nur Gedanken, weil das, was der Mensch seine Gedanken nennt, sich zu dem, was Gedanken eigentlich sind, verhält wie ein Schattenbild zu einer Sache selber. Wenn Sie da eine Blume haben, und Sie schauen ihr Schattenbild, so weist das Schattenbild auf die Wirklichkeit, die Blume, hin. So ist es auch mit den Gedanken. Es ist so, dass das menschliche Denken das Schattenbild ist von Vorstellungen und Wesenheiten, die in einer höheren Welt sind, in dem, was man den Astralplan nennt. Und richtig stellen Sie sich eigentlich das Denken vor, wenn Sie sich – es ist das nicht ganz richtig, sondern schematisch – hier das menschliche Haupt vorstellen [Zeichnung]. In diesem Haupte sind die Gedanken, die ich hier durch Striche (++) darstellen will. Aber diese Gedanken, die im Haupte sind, stellen wir uns vor als lebendige Wesen hier auf dem Astralplan. Auf dem Astralplan da wirken die verschiedenartigsten

Dem Materialisten erscheint das Vorstellungsleben als etwas unreales. Der Mensch kennt seine Gedanken nicht.

Schattenbilder sind seine Gedanken vom astralen Plan. (Zeichnung)

So kommt das Gedankenleben herein in das menschl. Gehirn

von dem Astralplan.

20

Wesen. Da wimmelt es nur so von Vorstellungen und Handlungen; und diese werfen ihr Schattenbild in den Menschen hinein, und diese Vorgänge spielen sich ab im menschlichen Haupte als das Denken. Es ist eine richtige Vorstellung, wenn Sie sich denken: Von Ihrem Haupte gehen fortwährend Strömungen in den Astralplan, und diese sind die Schatten, die das Gedankenleben in Ihrem Haupte vermitteln. Es gibt nun außer dem, was wir das Gedankenleben nennen können, für die menschliche Seele noch ein anderes Leben. Man unterscheidet im gewöhnlichen Leben, das ist nicht ganz genau, aber ich sage es, damit man aus dem gewöhnlichen Leben heraus einen Begriff davon bekommt: Man unterscheidet zwischen dem Gedankenleben und dem Empfindungsleben. Unter den Gefühlen unterscheidet man solche des Gefallens, sympathische, und solche des Missfallens, unsympathische Gefühle. Erstere stellen sich ein bei Handlungen des Wohlwollens, des Rechtes; Antipathie tritt auf bei Handlungen des Übelwollens, des Unrechts. Das ist schon mehr als bloße Vorstellung, das ist etwas anderes als das bloße Vorstellen. Etwas vorstellen tun wir uns auch den gleichgültigen Dingen gegenüber. Aber diese Seelenerlebnisse der Sympathie und der Antipathie haben wir nur dem Schönen und Guten gegenüber oder dem Schlechten und Hässlichen. Gerade so wie alles, was im Menschen sich abspielt als Gedanken, auf den Astralplan hinweist, so weist alles was verknüpft ist mit Sympathie und Antipathie hin auf das, was wir das niedere Devachan nennen. Und ebenso könnte ich die Linien, die ich vorher bis in die Astralwelt gezeichnet habe, nun hinaufziehen

Da unterscheiden wir sympathische Gedanken u. unsympathische.

Das Wohlwollen

und das Uebelwollen,

oder Sympathie oder Antipathie, das sitzt in unserem Haupt u. kommt herein vom Astralplan.

21

Handgeschr. Nachschrift	Maschinengeschriebene Nachschrift (gleichlautend mit GA 130)

ins Devachan oder die Himmelswelt bei diesen Vorstellungen.

In unserer Brust (Herz) sind die Gefühle des Devachan, d.h.

In uns, vorzugsweise in unserer Brust spielen sich Vorgänge ab – der Himmelswelt oder des Devachan, als Gefühle der Sympathie und Antipathie für das Schöne und Hässliche, das Gute und Schlechte oder Böse; sodass wir mit dem, was wir nennen können unsere Empfindungen gegenüber der morali-

die Abschattungen davon. Aesthetisches Gefühl u. Moral.

schen, ästhetischen Welt, die Abschattungen des niederen Devachan, der Himmelswelt, in unserer Seele tragen. Dann gibt es noch ein drittes im menschlichen Seelenleben, das wir genau unterscheiden müssen von der bloßen Vorliebe für wohlwollende Handlungen. Es ist ein Unterschied, ob man da steht und dort eine schöne wohlwollende Handlung sieht und Gefallen daran findet, oder ob man selber den Willen in Tätigkeit umsetzt, um selbst eine wohlwollende Handlung auszuführen. Ich möchte das Wohlgefallen, das Missfallen an guten, schönen oder bösen, hässlichen Handlungen das ästhetische Element nennen, dagegen das, was den Menschen treibt,

Selbst Gutes tun kommt aus dem Nirwana, der höheren himmlischen Welt.

gut zu handeln, das moralische. Das Moralische steht höher als das bloß Ästhetische, das bloße Gefallen oder Missfallen steht tiefer als das Sich-gedrängt-Fühlen Gutes oder Böses zu tun. Insofern unsere Seele sich angetrieben fühlt, inso-

Die Schattenbilder sind es, die das

fern sie die *moralischen* Impulse fühlt, sind diese Impulse die Schattenbilder des höheren Devachan, der oberen Himmelswelt. Wir können uns ganz gut vorstellen, dass diese drei stufenweise übereinander stehenden Seelentätigkeiten:

1.) die rein intellektuelle des Denkens, Vorstellens, Betrachtens,

2.) die ästhetische des Gefallens und Missfallens und

3.) die moralische in den Impulsen gegenüber dem Guten und Bösen, dass diese drei auseinander gelagerten Erlebnisse des Seelenerlebens des Menschen mikrokosmische Bilder sind dessen, was in der *großen* Welt draußen im Makrokosmos, was sich übereinander lagert in den drei Welten: der astralischen Welt, die sich spiegelt als die Gedankenwelt, die intellektuelle Welt; der [Bleistift: niederen] devachanischen Welt, die sich abschattet [Bleistift: als ästhetische Welt des Gefallens u. Missfallens, u. die höhere Devachan-Welt, die sich abschattet] als Moralität. Wenn wir das, was wir jetzt gesagt haben, verbinden mit dem früher von den beiden Polen der menschlichen Seele Gesagten, so müssen wir eben das Intellektuelle als einen Pol empfinden, als jenen Pol, der vorzugsweise das wachende Tagesleben beherrscht, wo wir wachen in Bezug auf das intellektuelle Leben. Der Mensch wacht während des Tages in Bezug auf seinen Intellekt. Während des Schlafes wacht er in Bezug auf seinen Willen; weil er aber schläft in Bezug auf seinen Intellekt, wird er sich dessen nicht bewusst, was er mit dem Willen unternimmt. Aber indirekt wirkt in den Willen hinein das, was wir moralische Grundsätze und Impulse nennen. Und in der Tat braucht der Mensch das Schlafleben, damit das, was er durch das Gedankenleben an moralischen Impulsen aufnimmt, wirklich zu effektiver Wirksamkeit kommen kann. Wahr ist es, so wie der Mensch heute ist im gewöhnlichen Leben, vermag er nur etwas Rechtes auf dem intellektuellen Plan auszuführen; weniger vermag er auf dem moralischen Plan; da sind wir darauf angewiesen, dass uns geholfen werde aus dem Makrokosmos heraus. Was in uns ist, kann uns in der Intellektualität

Verbinden der
beiden Pole bewirken.

1.) Das Wachen

in Bezug auf den
Intellekt bei Tag.

2.) Das Wachen in Bezug
des Willens bei Nacht.

So wie der Mensch heute
ist vermag er nur etwas
über den intellekt.en Pol.

23

Handgeschr. Nachschrift	Maschinengeschriebene Nachschrift (gleichlautend mit GA 130)

<table>
<tr>
<td>

Im Moralischen müssen
ihm die Götter helfen.

Umwandeln können
wir dann das, was wir in
Gedanken aufnehmen in
Güte u. Liebe.

Es ist für einen Menschen
traurig immer zu wachen

u. nicht einen Teil seiner
Zeit zu verwenden um in
Kunst etc. zu träumen.

Herrlich ist es, sich sei-
nen Gedanken überlassen
und träumen bei Tag ist
sehr gut.

</td>
<td>

eine Spanne weiterführen. Beim Schritt des moralisch Besser-
werdens müssen uns Götter zu Hilfe kommen. Deshalb ver-
sinken wir in Schlaf, damit wir untertauchen können in den
göttlichen Willen, wo wir nicht dabei sind mit dem machtlo-
sen Intellekt, und wo göttliche Kräfte das, was wir als mora-
lische Grundsätze aufnehmen, umwandeln in die Kraft des
Willens, wo sie hineinimpfen in unseren Willen dasjenige, was
wir sonst nur in unsere Gedanken aufnehmen können. Zwi-
schen diesen zwei Polen, dem Willenspol, der bei Nacht, und
dem Intellekt-Pol, der bei Tag wacht, liegt der ästhetische Pol,
der immer im Menschen vorhanden ist. Denn der Mensch ist
bei Tag so, dass er nicht ganz wach ist. Nur die nüchternsten,
philiströsesten Menschen wachen immer, wenn sie wach sind.
Die Menschen müssen im Grunde genommen auch bei Tag
etwas träumen, sie müssen während des Wachens auch etwas
träumen können, müssen sich hingeben können der Kunst, der
Dichtung oder sonstiger Lebensbetätigung, die nicht nur auf
das derb Wirkliche gerichtet ist; die sich so dem überlassen,
die wirken da ein Band, das gar sehr erfrischend und belebend
auf das ganze Leben wirken kann. Sich solchen Gedanken
überlassen, das ist gewissermaßen das, was wie ein Traum in
das Wachleben hineindringt. Und in das Schlafleben, da wis-
sen Sie ja, dass man da das Träumen hineinbringt. Da sind es
die realen Träume, die das sonstige Bewusstsein im Schlaf
durchdringen. Das ist etwas, was alle Menschen brauchen, die
nicht bloß ein nüchternes, trockenes, ungesundes Tagesleben
führen wollen. Und das Träumen kommt ohnedies in der
Nacht, das braucht man nicht zu rechtfertigen. Das ist das

</td>
</tr>
</table>

Mittlere, das zwischen den zwei Polen drinnen liegt, das nächtliche und das Tagesträumen, das «in seiner Phantasie etwas leben können». So haben wir auch hier ein Dreifaches in der Seele. Das Intellektuelle, durch das wir so recht wachen, und die Schattenbilder des Astralplanes in uns tragen, wenn wir bei Tag uns den Gedanken überlassen, sodass die fruchtbarsten Einfälle des Lebens, des Alltagslebens, und die großen Erfindungen hervorkommen. Und während des Schlafes, wenn wir träumen, wenn diese Träume hereinspielen in unser Schlafleben, dann ist es so, dass in uns sich abschatten die Bilder der niederen Himmelswelt oder Devachan. Und wenn wir im Schlafe dann arbeiten und Moralität unserem Willen einprägen – das können wir direkt nicht wahrnehmen, wohl aber in seinen Wirkungen –, dann wenn wir im Stande sind, diesen Einfluss der göttlich-geistigen Mächte während der Nacht unserem Denken einzuimpfen, so sind die Impulse, die wir da wahrnehmen, die Abschattung aus dem oberen Devachan, der oberen Himmelswelt. Das sind die moralischen Impulse und Gefühle, die in uns leben, und die uns sagen lassen: Im Grunde genommen ist das menschliche Leben nur dadurch gerechtfertigt, dass wir unsere Gedanken in den Dienst des Guten und Schönen stellen und unser intellektuelles Wirken durchströmt sein lassen von dem wahren, echten Herzblut des göttlich-geistigen Lebens, durchströmt sein lassen von moralischen Impulsen. Was wir so als das menschliche Seelenleben hinstellen durch eine, zuerst äußerliche, exoterische Betrachtung, dann durch eine etwas mystischere Betrachtung, das ergibt sich auch der tieferen okkulten Forschung. Und da zeigt

Das heißt man Leben in seiner Phantasie. Hinträumen des Tages u. Träumen bei Nacht.

Der feste Schlaf ist die Wirkung der

Moralität an dem Willen.

Handgeschr. Nachschrift	Maschinengeschriebene Nachschrift (gleichlautend mit GA 130)

sich das, was wir jetzt mehr äußerlich beschrieben haben an Vorgängen, die das Hellsehen auch am Menschen wahrnehmen kann. Wenn der Mensch heute im Wachzustand vor uns steht und das hellseherische Auge betrachtet ihn, so zeigt sich, dass fortwährend vom Herzen nach dem Kopfe gewisse Lichtstrahlen gehen. Wenn wir das schematisch zeichnen wollen [Zeichnung], so müssten wir es so machen, dass wir hier die Herzgegend zeichnen, dann gehen fortwährend Strömungen nach dem Gehirn hin und umspielen im Innern des Hauptes dasjenige Organ, das in der Anatomie beschrieben wird als Zirbeldrüse. Wie Lichtstrahlen geht es vom Herzen nach dem Kopfe herauf und umströmt die Zirbeldrüse. Diese Strömungen entstehen dadurch, dass das menschliche Blut, das eine physische Substanz, ein Stoff ist, sich fortwährend auflöst in ätherische Substanz, sodass in der Gegend des Herzens ein fortwährender Übergang des Blutes in feine ätherische Substanz stattfindet und diese strömt nach dem Kopfe herauf und umspielt glimmerisch die Zirbeldrüse. Dieser Vorgang, das Ätherischwerden des Blutes, zeigt sich immerwährend am wachenden Menschen. Jetzt ist es aber anders am schlafenden Menschen. Da ist es so, dass wenn wir hier [Zeichnung] die Gehirn-, hier die Herzgegend hätten, so würde für den okkulten Beobachter eine fortwährende Strömung von außen herein, auch von rückwärts herein zum Herzen wahrnehmbar sein. Diese Strömungen aber, die beim schlafenden Menschen von draußen, vom Weltenraum, aus dem Makrokosmos, in das Innere dessen, was da im Bette liegt als physischer und Ätherleib, hereinströmen, das stellt, wenn man es untersucht, in der

Das hellseherische Auge

sieht die Lichtströme, die heraufsteigen vom Herzen zum Gehirn u. umspielen die Zirbeldrüse, die im Gehirn hängt wie eine Laterne. Diese Strömungen bewirken die Auflösung des Blutes in eine aetherische Substanz, beim wachen Zustand.

Beim Schlaftzustand gehen Strömungen

von Aussen herein,

Tat etwas sehr Merkwürdiges dar. Diese Strahlen sind recht verschieden bei den verschiedenen Menschen. Die schlafenden Menschen sind recht verschieden voneinander, und wenn die Menschen, die noch ein bisschen eitel sind zuletzt, immer wüssten, wie schlimm sie sich verraten für den okkulten Blick, wenn sie in öffentlichen Versammlungen einschlafen, würden sie es verhindern, weil das verräterisch wirkt. In der Tat ist es so, dass sich in hohem Grade die moralischen Qualitäten zeigen in der eigenartigen Färbung dessen, was beim Schlafe in ihn einströmt, sodass ein Mensch, der niedere moralische Grundsätze hat, eine ganz andere Einströmung hat als ein Mensch mit hohen Grundsätzen. Da nützt es nichts sich zu verstellen bei Tag. Den höheren Weltenmächten gegenüber kann man sich nicht verstellen. Es ist so, dass in einen, der nur ganz leise Neigung hat zu nicht moralischen Grundsätzen, fortwährend einströmen so bräunlichrote und allerlei sonstige nach dem Rotbräunlichen hinneigende Strahlungen. Und lilaviolette Strahlungen treten auf bei denjenigen, die hohe moralische Ideale haben. Es ist nun im Moment des Aufwachens oder Einschlafens in der Gegend der Zirbeldrüse eine Art von Kampf vorhanden zwischen dem, was von oben nach unten und dem, was von unten nach oben strömt. Das intellektuelle Element strömt von unten nach oben in Form von Lichtwirkungen beim wachenden Menschen; und das, was eigentlich moralisch-ästhetischer Natur ist, das strömt von oben nach unten. Und im Moment des Aufwachens und des Einschlafens begegnen sich die nach aufwärts und abwärts gehenden Strömungen, und da kann man beurteilen, ob jemand besonders

Da strömt ein eine rotbraune Farbe während

bei edler Gesinnung eine lila Farbe einströmt.

So zeigt sich der Kampf beim Schlafen oder Wachen zwischen den Elementen der Zirbeldrüse nach ab- u. aufwärts. Es strömt aus ein glimmendes Licht u. ist ganz ruhig. Es ist ein Kampf bis in die Herzgegend.

27

gescheit ist und niedere Grundsätze hat, wo sich dann ein starker Kampf abspielt in der Nähe der Zirbeldrüse; oder ob er gute Grundsätze hat, denen entgegenströmt seine Intellektualität. Dann zeigt sich da ein ruhiges Ausbreiten einer glimmrigen Lichterscheinung um die Zirbeldrüse herum. Sie ist gleichsam eingebettet im Moment des Aufwachens oder Einschlafens von einem kleinen Lichtmeer und darin zeigt sich die moralische Vornehmheit, dass ein ruhiger Schein die Zirbeldrüse umgibt im Moment des Aufwachens und des Einschlafens. So spiegelt sich im Menschen seine moralische Beschaffenheit. Und dieser ruhige Schein dehnt sich oftmals aus weit bis in die Herzgegend hin. So zeigen sich im Menschen zwei Strömungen, die eine aus dem Makrokosmos, die andere eine mikrokosmische. Wie diese beiden Strömungen sich im Menschen treffen, die ganze Tragweite dessen werden wir erst ermessen, wenn wir einerseits bedenken: das, was vorher gesagt worden ist mehr äußerlich vom Seelenleben, wie es sich zeigt in seiner dreifachen Polarität des Intellektuellen, des Ästhetischen und des Moralischen, das von oben nach unten, vom Gehirn nach dem Herzen zu strömt. Auf der anderen Seite aber kommen wir zu der ganzen Bedeutung des Gesagten, wenn wir nun die entsprechende Erscheinung im Makrokosmos uns vor Augen führen. Diese entsprechende Erscheinung, die ist so heute zu schildern, wie sie gerade durch die sorgfältigen okkulten Untersuchungen der letzten Jahre, wie sie unternommen worden sind in den geistigen Untersuchungen einzelner der wahren, echten Rosenkreuzer, so ist dieses Makrokosmische entsprechend gegenüber dem Mikrokosmischen

Wie im Makrokosmos so im Mikrokosmos.

28

zu schildern. Und da zeigt sich denn – Sie werden in Ihrem Verständnis der Sache immer näher kommen –, da zeigt sich, dass ein Ähnliches wie das, was jetzt gesagt worden ist für den Mikrokosmos, auch im Makrokosmos sich abspielt. So wie in der Gegend des menschlichen Herzens ein fortwährendes Verwandeln des Blutes in Äthersubstanz stattfindet, so findet ein ähnlicher Vorgang im Makrokosmos statt. Wir verstehen die-

ses, wenn wir unser Auge hinwenden auf das Mysterium von Golgatha, und auf jenen Augenblick, in dem das Blut des Christus Jesus geflossen ist aus den Wunden. Dieses Blut darf nicht nur als chemische Substanz betrachtet werden, sondern

es ist durch alles das, was geschildert worden ist als die Natur des Jesus von Nazareth etwas ganz besonderes. Und indem es ausfloss und hineinströmte in unsere Erde, ist unserer Erde eine Substanz gegeben worden, die bedeutet, indem sie sich

mit der Erde verband, ein Ereignis, das ein bedeutendstes ist für alle Folgezeiten der Erde und das auch nur einmal auftreten wird. Was geschah mit diesem Blute in der folgenden Zeit? Nichts anderes, als was sonst im Herzen des Menschen ge-

schieht. Dieses Blut machte im Verlauf der Erden-Evolution

einen Ätherisierungs-Prozess durch. Und wie unser Blut als Äther vom Herzen nach oben strömt, so lebt im Erdenäther seit dem Mysterium von Golgatha das ätherisierte Blut des Christus Jesus. Der Ätherleib der Erde ist durchsetzt von dem, was aus dem Blute geworden ist, das auf Golgatha geflossen ist. Und das ist wichtig. Wäre das nicht geschehen, was durch den Christus Jesus geschehen ist, dann wäre nur das mit den Menschen auf Erden der Fall, was hier geschildert worden ist

vorher. So aber ist seit dem Mysterium von Golgatha eine fortwährend Möglichkeit vorhanden, dass in diesen Strömungen
von unten nach oben die Wirkung des ätherischen Blutes des
Christus mitströmt. Dadurch, dass in dem Erdenätherleib
das ätherische Blut des Jesus von Nazareth ist, strömt mit dem
von unten nach oben, vom Herzen nach dem Gehirn strömen-
den ätherisierten Menschenblute dasjenige, was das ätherisierte Blut dieses Jesus von Nazareth ist, sodass nicht nur das zu-
sammentrifft im Menschen, was früher geschildert worden ist,
sondern es trifft zusammen die eigentliche menschliche Blutströmung und die Blutströmung des Christus Jesus. Aber eine
Verbindung dieser beiden Strömungen kommt nur zustande,
wenn der Mensch das richtige Verständnis entgegenbringt
dem, was im Christusimpuls enthalten ist. Sonst kann keine
Verbindung zustande kommen; sonst stoßen sich die beiden
Strömungen gegenseitig ab, prallen ebenso wieder auseinander, wie sie zusammengeprallt sind. Verständnis können wir
nur erwerben, wenn wir in jedem Zeitalter der Erdenentwicklung dieses Verständnis so uns aneignen, wie es angepasst ist
diesem Zeitalter. In der Zeit, ais der Christus Jesus auf Erden
lebte, da konnten der geschilderten Tatsache das richtige Verständnis entgegenbringen jene, die zum Vorläufer Johannes
kamen und sich taufen ließen durch die Formel, die im Evan-
gelium ausgedrückt ist. Sie empfingen die Taufe, um die Sün-
de, d.h. das Karma ihrer vorhergegangenen Leben zu ändern,
das zu Ende ist, und um zu erkennen, dass der wichtigste Impuls der Erdenentwicklung nunmehr in einen physischen Leib
herabsteigen wird. Die Menschheitsentwicklung aber schreitet

Das aetherisierte Blut
des Jesus von Nazareth
strömt zusammen mit dem
menschl. Blut, wenn

das richtige Verständnis
für den Christus-Impuls
da ist. Wenn nicht, so
stossen sich die beiden
Substanzen ab.

Denken wir an die
Johannestaufe u. ändern
wir unsern Sinn.

weiter und für unsere heutige Zeit ist es wichtig, dass der Mensch einsehen lernt, dass er die theosophische Erkenntnis aufnehmen lernt; dass er allmählich das, was vom Herzen zum Gehirn strömt, so befeuert, dass er der Theosophie Verständnis entgegen bringt. Und die Folge wird sein, dass er das entgegennehmen kann, was vom 20. Jahrhundert an beginnt einzugreifen. Das ist der ätherische Christus gegenüber dem physischen Christus von Palästina. Denn an jenem Zeitpunkt sind wir angelangt, wo der ätherische Christus in das Erdenleben eingreift, dass der ätherische Christus in das Erdenleben eingreift und einer kleinen Anzahl von Menschen zunächst sichtbar wird wie in einem natürlichen Hellsehen. Dann, in den nächsten 3000 Jahren, wird er immer mehr Menschen sichtbar werden; das muss kommen, das ist ein Naturereignis, dass das kommt ist ebenso wahr, als [dass] im 19. Jahrhundert die Errungenschaften der Elektrizität gekommen sind. Dass eine gewisse Anzahl von Menschen den Äther-Christus sehen wird, das Ereignis von Damaskus haben wird, ist wahr. Aber es wird sich darum handeln, dass die Menschen lernen, den Moment zu beachten, wo der Christus an sie herantritt. Es werden nur wenige Jahrzehnte vergehen und für Menschen, besonders der jugendlichen Jahre wird der Fall eintreten; jetzt schon überall bereitet es sich vor: Irgendein Mensch kommt da oder dorthin, dieses oder jenes erlebt er; wenn er nur wirklich das Auge durch Beschäftigung mit der Theosophie geschärft hätte, könnte er schon bemerken, dass plötzlich um ihn irgend jemand ist, kommt, um zu helfen, ihn auf dieses oder jenes aufmerksam zu machen: dass ihm der Christus

Befeuern sollen wir das, was vom Herzen zum Gehirn strömt.

Begreifen lernen müßen wir den aetherischen Christus.

Erleben das Schauen der Christus-Gestalt.

31

gegenüber tritt; so aber glaubt er, irgendein physischer Mensch sei da. Gar mancher wird erleben, wenn er gedrückten Herzens, leidbelastet, still in seinem Zimmer sitzt und nicht aus noch ein weiß, dass die Tür wird geöffnet, der ätherische Christus wird erscheinen und wird die Trostesworte zu ihm sprechen; ein lebendiger Trostbringer wird der Christus für die Menschen werden. Mag es heute auch noch grotesk erscheinen, aber wahr ist es doch, dass manchmal, wenn die Menschen zusammensitzen, nicht ein und aus wissen, auch wenn größere Menschenmengen zusammensitzen und warten, dass sie dann den ätherischen Christus sehen werden. Da wird er selber sein, wird ratschlagen, wird sein Wort auch in Versammlungen hineinwerfen. Diesen Zeiten gehen wir durchaus entgegen. Das ist das Positive, dasjenige, was als positives aufbauendes Element in die Menschheitsentwicklung eingreifen wird. Kein Wort soll gegen die großen Kulturfortschritte unserer Zeit gesagt werden; sie sind notwendig zum Heil und zur Befreiung der Menschen; aber nehmet alles, was Ihr nehmen könnt an äußeren Fortschritten in der Beherrschung der Naturkräfte. Es ist nicht einmal als etwas Kleines und Unbedeutendes zu vergleichen gegenüber dem, was dem Menschen gegeben wird, der in seiner Seele das Erwachen durch den Christus erleben wird, der jetzt in die Menschheitskultur und in ihre Angelegenheiten eingreifen wird. Was dadurch den Menschen erwachsen wird dann, das sind zusammensetzende, positive Kräfte; der Christus bringt aufbauende Kräfte in die Menschheitskultur. Ja, wenn wir die ersten nachatlantischen Zeiten nehmen würden, so würden wir sehen, dass die

Der aetherische Christus wird erscheinen den Mühseligen u. Beladenen. Er wird Trostesworte sprechen, die man fühlen, die man auch hören kann.

In Versammlungen wird er erscheinen.

Alles andere ist völlig unbedeutend dagegen.

Es sind die Christuskräfte positive Kräfte.

Wie ganz anders sind die Menschen von heute

gegenüber den früheren Erdenmenschen. Früher bauten sich die Menschen Häuser u. Paläste aus lebenden Pflanzen, Bäumen, indem sie dieselben übereinanderbogen. Heute wird erst Alles gefällt, getötet, zerstört um Häuser zu bauen. Bis in die atlantische Zeit war der Erdenprozess ein aufbauender, von da an war er ein zerstörender. Das elektrische Licht zerstört sich in sich selbst.

Der Magnetismus ist eine zerstörende chemische Kraft.

Die Erde muß zerstört werden, der Erdenleib muß zerstört werden, um den Geist der Erde frei zu machen, um zu dem Jupiter zu gelangen.

Menschen da ihre Wohnungen auf andere Weise gebaut haben als heute. Da haben sie allerlei benützt, was gewachsen ist, dem sie nur nachhalfen. Selbst Paläste haben sie so gebaut, indem sie nachgeholfen haben der Natur; die Zweige und die Pflanzen miteinander verschlungen haben usw. Heute müssen die Menschen aus den Trümmern bauen. Wir machen alle Kultur der Außenwelt aus den Zertrümmerungsprodukten. Und im Laufe der nächsten Jahre werden Sie noch besser verstehen, wie verschiedenes andere in unserer Kultur Zerstörungsprodukt ist. Das Licht zerstört sich innerhalb unseres nachatlantischen Erdenprozesses. Bis in die Atlantis hinein war der Erdenprozess ein fortschreitender; seither ist er ein zerfallender. Was ist das Licht? Es zerfällt und das zerfallende Licht ist Elektrizität. Was wir als Elektrizität kennen, das ist Licht, das sich selber zerstört innerhalb der Materie. Und die chemische Kraft, die innerhalb der Erdenentwicklung eine Umwandlung erfährt, ist Magnetismus. Und noch eine dritte Kraft wird auftreten. Und wenn den Menschen heute schon wunderwirkend die Elektrizität erscheint, so wird diese dritte Kraft in noch viel wunderbarerer Weise die Kultur beeinflussen. Und je mehr wir von dieser Kraft anwenden, desto eher wird die Erde zu einem Leichnam werden, damit das, was das Geistige der Erde ist, sich hinüber wirken kann zum Jupiter. Die Kräfte müssen angewandt werden, um die Erde zu zerstören, damit der Mensch frei wird von der Erde und damit der Erdenleib abfallen kann. Solange die Erde im fortschreitenden Prozess war, hat man dies nicht gemacht, weil nur die zerfallende Erde die große Kulturerrungenschaft der Elektrizität gebrauchen kann. So sonderbar es gegenwärtig auch klingt, aber es muss nach und nach ausgesprochen werden. Wir müssen den Entwicklungsprozess verstehen; die Menschen werden lernen, unsere Kultur in richtiger Weise zu bewerten. Wir werden lernen dadurch, dass es notwendig ist, die Erde zu zerstören, sonst wird der Geist nicht frei. Aber man wird auch lernen, das Positive zu schätzen: das Hereindringen der geistigen Kräfte in unser Erdendasein. So sehen wir schon darin den großen, gewaltigen Fortschritt, dass der Christus notwendig hatte, durch 3 Jahre in einem gut zubereiteten Menschenleib zu wandeln, damit er sichtbar werden konnte den sinnlichen Augen. Durch das, was da während dieser drei Jahre geschehen ist, sind die Menschen reif geworden, denjenigen Christus Jesus zu sehen, der herumgehen wird im ätherischen Leib, der ebenso real und wirklich eingreifen wird in das Erdenleben, wie der physische Christus zur Zeit der palästinensischen Wirksamkeit. Die Menschen werden wissen, wenn sie nicht mit unklaren Sinnen solche Sachen betrachten, dass sie es mit dem ätherischen Leib zu tun haben, der innerhalb der physischen Welt herumwandeln wird, aber sie werden wissen, dass dies der einzige ätherische Leib ist, der wirken kann in der physischen Welt, wie sonst ein physischer Menschenleib wirkt. Er wird sich von einem physischen Leib nur dadurch unterscheiden, dass er sozusagen an 2, 3, 100, 1000 Orten zu gleicher Zeit sein kann, was nur einer ätherischen, nicht aber einer physischen Gestalt möglich ist. Dasjenige, was durch diesen Fortschritt der Menschheit bewirkt wird, ist, dass die 2 Pole, die ich vorhin erwähnt habe, der intellektuelle und der

Es müssen hier eindringen ins Erdendasein die geist. Kräfte.

Die Erde muß aetherisch werden. Und ein solcher aetherischer Leib muß wirken können

an 100, an 1000 Orten zugleich.

Da schmelzen die 2 Pole

34

zur Einheit.

moralische Pol, mehr eins werden, zu einer Einheit verschmelzen. Das werden sie dadurch, dass die Menschen immer mehr lernen werden im Verlauf der nächsten Jahrtausende, den ätherischen Christus in der Welt zu betrachten; sie werden immer

Der Wille soll durchdrungen werden vom Guten u. Wahren.

mehr durchdrungen werden, auch bei Tag, von der direkten Wirkung des Guten in den geistigen Welten. Während jetzt der Wille bei Tag schläft und der Mensch im Grunde genommen nur indirekt durch Vorstellung wirken kann, wird es im Verlauf der nächsten Jahrtausende immer mehr geschehen, dass durch das, was hineinwirkt von unseren Tagen an und dem der Christus vorsteht, dass durch das des Menschen Wirken auch im Tageszustand direkt verbessert werden kann. Dasjenige,

Socrates hat geträumt die Tugend werde lehrbar sein und es wird das wahr sein.

wovon Sokrates geträumt hat, dass die Tugend lehrbar sei, wird wirklich eintreten; und immer mehr und mehr wird auf Erden die Möglichkeit vorhanden sein, dass nicht nur unser Intellekt durch die Lehren angeregt, angespannt wird, sondern dass durch diese Lehren auch moralische Impulse verbreitet

Schopenhauer sagt: «Moral predigen ist ein Leichtes – Moral begründen sehr schwer.»

werden. Schopenhauer hat gesagt: Moral predigen sei leicht, Moral begründen sei schwierig. Warum ist das so? Weil man mit dem Predigen noch keine Moral wirklich verbreitet hat. Man kann ganz gut Moralgrundsätze einsehen und sie nicht halten. Für die meisten Menschen gilt der Paulinische Spruch:

Paulus sagt nicht umsonst: «Der Geist ist willig, aber das Fleisch ist schwach.»

Der Geist ist willig, das Fleisch aber ist schwach. Das ändert sich dadurch, dass das moralische Feuer ausströmt von dieser Christusgestalt. Dadurch aber tritt für die Erde immer mehr das ein, dass der Mensch die Notwendigkeit des Moralischen und seiner Impulse einsieht. Und dadurch wandelt er die Erde um, insofern der Mensch immer mehr fühlen wird, dass

Handgeschr. Nachschrift	Maschinengeschriebene Nachschrift (gleichlautend mit GA 130)
Das Moralische gehört zur Erde.	das Moralische zur Erde gehört. Und in Zukunft werden nur diejenigen Menschen unmoralisch sein können, welche Hilfe bekommen im Unmoralischen, und die von bösen Dämonen, von ahrimanischen, asurischen Mächten besessen werden und diese Besessenheit erstreben. Das ist der Zukunftszustand der Erde, dass eine genügende Anzahl von Menschen da sein wird, welche immer mehr das Moralische lehren und zu gleicher Zeit Begründung der Moral geben werden. Aber dass diejenigen, welche aus ihrem freien Willen heraus wollen, sich hingeben werden den bösen Mächten und ein Heer des Bösen gegenüber den guten Menschen bilden werden. Dazu wird niemand gezwungen werden; es wird eines jeden freier Wille sein. Dann kommt diejenige Zeit über die Erde, wo das eintritt, was wie so vieles eigentlich nur in den grandiosen Definitionen des orientalischen Okkultismus und Mystik enthalten ist. Wo diese moralische Atmosphäre bis zu einem hohen Grade zugenommen haben wird, von diesem Zeitpunkt spricht die orientalische Mystik seit vielen Jahrtausenden. Und namentlich stark spricht sie seit dem Auftreten des Buddha von jenem Zukunftsstandpunkt, wo die Erde getaucht sein wird in eine moralische Ätheratmosphäre. Und wie eine große Zukunftshoffnung stand es immer schon seit der Zeit der alten Rishis vor der orientalischen Mystik, dass der Erde jener Impuls kommen wird, und dass dieser ein Wesensteil sein wird von Wishwa-Karman, oder wie Zarathustra sagte, von Ahura Mazdao. So stand es jener Mystik bereits vor Augen, dass von dem, was wir den Christus nennen, dieser moralische Impuls, diese moralische Erdenatmosphäre ausgehen wird; und auf

Die Mächte Ahriman u. Luzifer u. Azuras sind böse u. befallen den Menschen, daß er böse wird. Je größer das Gute, desto schlimmer ist da das Böse. Ahriman wirkt in der Astralsphäre, Luzifer im Devachan u. die Azuras im höheren Devachan. Die Azuras haben sich bei uns noch nicht gezeigt, sie sind die furchtbarsten bösen Mächte von allen Dreien. Erst wenn die

moralische Atmosphäre zugenommen haben wird u.

die Erde getaucht sein wird in moralische Aethersphäre und keine Gefahr mehr da ist für Missbrauch der Azurakräfte, erst dann wird es eine Erfindung geben der Kräfte der Azuras. So sagte schon Buddha davon. Die indischen Rishis sprachen davon. Die Feuer- u. Lichtsöhne sind

36

ihn, den Christus, setzte diese orientalische Mystik ihre Hoffnung. Die Mittel der orientalischen Mystik reichten nicht aus, um sich dies vorzustellen; aber was als Gefolgschaft dieses Ereignisses auftritt, das konnten sie sich vorstellen. Sie konnten sich vorstellen, dass die in das Feuer, das Licht der Sonne eingetauchten reinen Akashagestalten innerhalb von 5000 Jahren nach der Erleuchtung des großen Buddha als die Gefolgschaften dessen kommen werden, der durch morgenländische Mystik allein nicht zu erkennen ist. Eine wunderbare Darstellung fürwahr! Es wird etwas kommen, was möglich machen wird, dass durch eine geläuterte moralische Atmosphäre der Erde der Licht- und Feuersohn nicht in physisch verkörperter Gestalt, sondern als reine Akashagestalt innerhalb der moralischen Atmosphäre der Erde herumwandeln wird. Dann wird aber auch der Lehrer da sein, 5000 Jahre nach der Erleuchtung des Gautama Buddha, der Lehrer, der die Menschen lehrt, was das für wunderbare Gestalten sind, diese reinen Feuer- und Lichtgestalten. Dieser Lehrer, das wird der Maytreia Buddha sein, der 3000 Jahre nach unserer Zeit auftreten wird, der den Menschen von dem Christus-Impuls wird lehren können. So vereinigt sich orientalische Mystik mit dem christlichen Wissen des Abendlandes zu einer schönen, wunderbaren Einheit. Und klar gemacht wird auch, dass derjenige, der 3000 Jahre nach unserer Zeit als der Maytreia Buddha erscheinen wird, dass er als der Bodhisattwa, als der Nachfolger des Gautama Buddha immer wieder verkörpert auf der Erde erscheint. Eine seiner Verkörperungen war die des 100 Jahre vor Beginn unserer Zeitrechnung lebenden Jeshu Ben Pandira. Dieser Jeshu ist

Gefolgschaften des Christus.

Es sind Akashagestalten benannt die Agnisattwas!

Es müssen sich verbinden die orientalische Mystik mit dem Christentum des Abendlandes.

100 Jahre vor Christus war da «Jeshu ben Pandira». 3000 Jahre nach unsrer

37

Handgeschr. Nachschrift	Maschinengeschriebene Nachschrift (gleichlautend mit GA 130)
Zeit wird derselbe sein der Maytreya Buddha.	derselbe, der einstmals der Maytreia Buddha werden wird, und der von Jahrhundert zu Jahrhundert immer wieder in einem fleischlichen Leibe erscheint, zwar noch nicht selber als Buddha, sondern als Bodhisattwa. Auch in unserem Zeitalter gehen von diesem, der einstmals – nicht jetzt, sondern einstmals – der Maytreia Buddha sein wird, die bedeutendsten Lehren über die Christuswesenheit und die Feuersöhne der Inder, die Agnisattwas aus. Dasjenige, woran der Mensch erkennen kann den Bodhisattwa, der einstmals der Maytreia Buddha werden wird, ist wiederum Gemeinschaft aller wahren, morgenländischen Mystik. Erkennen kann man denjenigen, der einstmals der Maytreia Buddha werden wird, der im Gegensatz zu den Feuersöhnen im physischen Leibe als Bodhisattwa erscheinen wird – daran, dass er zunächst in seiner Jugend heranwächst so, dass kein Mensch ahnen kann, was für eine Individualität in dem Menschen ist. Immer wird es so sein, dass diejenigen, die es verstehen, an einem solchen Menschen erst zwischen dem 30. und 33. Jahre erkennen, dass in ihm ein Bodhisattwa ist. Da tritt etwas ein wie eine Umwechslung der Persönlichkeit, und der Maytreia Buddha wird selber gerade im 33. Jahre seines Lebens sich der Menschheit zu erkennen geben. Wie der Christus Jesus im 30. Jahre seines Lebens sein Werk begann, so geben sich die Bodhisattwas, die weiterhin den Christus verkündigen werden, im 33. Jahre ihres Lebens zu erkennen; und der Maytreia Buddha selber, der mit großen, gewaltigen Worten, von denen heute noch keine Vorstellung gegeben werden kann, als umgewandelter Bodhisattwa von den großen Geheimnissen des Daseins verkündigen
Jetzt ist es der Bodhisattwa.	
Erkennen kann man den der es sein wird, daran, daß er heranwächst so –	
daß in seiner Jugend niemand ahnen wird, wer er ist. –	

38

wird, er wird sprechen in einer Sprache, die erst geschaffen werden muss, denn heute könnte kein Mensch die Worte finden, mit denen einstmals der Maytreia Buddha zu den Menschen sprechen wird. Aus dem Grunde kann noch nicht gesprochen werden, weil es noch nicht das physische Werkzeug gibt. Die Lehren des Erleuchteten werden nicht bloß Lehren einströmen, sondern sie werden moralische Impulse in die Menschenseelen einströmen. Solche Worte können noch nicht von einem physischen Kehlkopf ausgesprochen werden; sie können jetzt nur in den geistigen Welten da sein. Theosophie ist die Vorbereitung zu alledem, was in der Zukunft kommen wird. Jene, die es mit der Menschheitsentwicklung ernst nehmen, die wollen, dass die Seelen-Entwicklung nicht versumpfe, sondern so weiter schreite, dass die Erde nun wirklich in ihrem geistigen Teile frei werden kann, dass sie den gröberen Teil wie einen Leichnam abfallen lassen kann. Denn es könnten Menschen das ganze Werk verpfuschen. Diejenigen, die wollen, dass das Weltenwerk gelinge, sollen sich Verständnis des spirituellen Lebens durch das erwerben, was wir heute Theosophie nennen. So wird Theosophie zur Pflicht, theosophische Erkenntnis wird etwas, was wir empfinden, etwas, dem gegenüber wir Verantwortung haben. Und wenn wir so empfinden und wollen lernen, wenn wir aus diesen Weltengeheimnissen heraus so empfinden, dass wir Theosophen sein wollen, dann empfinden wir richtig. Dann aber auch darf Theosophie nicht für uns etwas sein, was unsere Neugierde befriedigt, sondern sie soll etwas werden, ohne das wir nicht leben können. Erst wenn das der Fall ist, empfinden wir im

39

richtigen Sinne, dann erst leben wir als lebendige Bausteine innerhalb jenes großen Baues, der aufgeführt werden soll in den Seelen der Menschen und der sich über die Menschen breiten kann. So ist die Theosophie die Eröffnung gegenüber den wahren Welterscheinungen, wie sie herantreten an den Menschen der Zukunft, an unsere eigenen Seelen, ob wir noch im physischen Leibe oder schon zwischen Tod und neuer Geburt sein werden. Diese Umwälzung wird uns berühren, ob wir noch im Leibe wandeln, oder ob wir den physischen Leib abgelegt haben werden; nur dass die Menschen sich schon hier auf dem Erdenrund im physischen Leibe Verständnis aneignen müssen für diese Ereignisse, wenn sie berührt werden sollen zwischen Tod und neuer Geburt von dem, was da geschieht. Für jene, die sich jetzt im physischen Leibe Verständnis für den Christus aneignen, für jene ist es einerlei, ob sie noch leben werden, wenn der Moment heranrückt, den Christus zu schauen, oder ob sie dann bereits durch die Pforte des Todes gegangen sein werden. Diejenigen aber, die jetzt ablehnen das Verständnis des Christus, die müssen, wenn sie zur Zeit des Eintretens dieses Ereignisses bereits durch die Pforte des Todes geschritten sind, warten bis zur nächsten Verkörperung, denn die Grundlage kann nicht erworben werden zwischen Tod und Geburt. Wenn die Grundlage aber einmal erworben ist, setzt sie sich fort, dann ist der Christus auch schaubar zwischen Tod und neuer Geburt. So wird uns die Theosophie nicht nur etwas, was wir lernen für das physische Leben, sondern was auch Wert hat, wenn wir den physischen Leib im Tode abgelegt haben werden.

Das wollte ich heute geben zum Verständnis des Menschen und als Handhabe zur Beantwortung der Frage: Selbsterkenntnis ist schwierig, weil der Mensch ein so kompliziertes Wesen ist. Dadurch ist der Mensch so kompliziert, dass er mit allen höheren Welten und Wesen zusammenhängt. Was in uns ist, das sind Schattenbilder der großen Welt und was unsere Organisation ist, unser physischer, Äther-, Astralleib und unser Ich, was so unsere Glieder bedeutet, das sind Welten für die göttlichen Wesen. Was bei uns physischer, Äther- und Astralleib und Ich ist, das ist die eine Welt. Die andere Welt ist die höhere, die Himmelswelt. Für die göttlich-geistigen Wesen der höheren Welten sind die Leibesglieder hohe göttlich-geistige Welten, wie für uns die 4 Glieder unseres menschlichen Wesens. Deshalb ist der Mensch etwas so kompliziertes, weil er ein wirkliches Spiegelbild der geistigen Welt ist. Das soll ihn zum Bewusstsein seiner Menschenwürde bringen. Aber aus jener Erkenntnis, dass wir zwar ein Bild sind, dass wir alle aber noch sehr ferne stehen dem, was wir sein sollen: Auf dem Umweg dieser Erkenntnis eignen wir uns neben der Menschenwürde auch die rechte Bescheidenheit und Demut gegenüber dem Makrokosmos und seinen Göttern an.[1]

Auf eine Frage nach dem Verhältnis der Chemie zur geistigen Welt der Sphärenharmonie, antwortete Dr. Steiner ungefähr folgendermaßen:

Was wir Chemismus nennen, ist projiziert in die physische

Der Mensch hängt zusammen mit allen höheren Wesen.

Welten sind die Leibesglieder der höheren Wesenheiten, wie unser phys. Leib, aether. u. astral. Leib unsre Glieder sind. Wir sollen uns bewußt sein unsrer Menschenwürde.

Wir sollen Demut und Bescheidenheit pflegen in uns, und so dem Makrokosmos u. den Göttern entgegentreten.

---

1 Das Folgende (S. 28-29 der Nachschrift, s. S. 49) ist vom Vortrag getrennt und enthält die Antwort auf die zweite Frage (s. S. 43). Der Wortlaut stimmt bis auf wenige Hinzufügungen überein.

Welt, was wir in der devachanischen Welt nennen die Welt der Sphärenharmonie. Sodass in der Verbindung zweier Stoffe nach ihren Atomgewichten wir die Abschattung haben zweier Töne der Sphärenharmonie. Die chemische Verwandtschaft in der physischen Welt ist eine Abschattung aus der Welt der Sphärenharmonie. Die Zahlenverhältnisse der Chemie sind wirklich die Zahlenverhältnisse für Ausdrücke der Sphärenharmonie. Diese letztere ist stumm geworden durch die Verdichtung der Materie; würde man die Stoffe tatsächlich bis zur ätherischen Verdünnung bringen, so würde man die Sphärenharmonie hören. Man hat die physische, die astralische Welt, das untere Devachan und das obere Devachan. Wenn man nun einen Körper noch weiter hinunter drückt als zur physischen Welt, dann kommt man in die unterphysische Welt, in die unterastralische Welt, das untere oder schlechte Unterdevachan und das untere oder schlechte obere Devachan. Die schlechte Astralwelt ist das Gebiet des Luzifer, das schlechte untere Devachan ist das Gebiet des Ahriman und das schlechte obere Devachan ist das Gebiet des Asuras. Wenn man den Chemismus noch weiter hinunterstößt in die schlechte astralische Welt, entsteht Magnetismus, und wenn man das Licht ins Untermaterielle stößt, also um eine Stufe tiefer als die materielle Welt, entsteht die Elektrizität. – Dann gibt es eine noch furchtbarere Kraft. Man muss nur wünschen, dass, wenn diese Kraft, die wir uns viel, viel stärker vorstellen müssen als die stärksten elektrischen Entladungen, man muss wünschen, dass, bevor diese Kraft der Menschheit durch einen Erfinder gegeben wird, die Menschen nichts Unmoralisches mehr an sich haben werden.

Fragenbeantwortung

1.) Wie versteht man das «mit Zungen reden» beim Apostel Paulus?

Bei Ausnahmemenschen kann es vorkommen, dass nicht nur das Phänomen des Sprechens im Wachzustande allein da ist, sondern es geht etwas in dieses Sprechen, was sonst nur im Schlafbewusstsein da ist. Das ist das Phänomen, von dem Paulus spricht. Goethe spricht darüber von demselben Standpunkte aus. Er hat zwei sehr schöne Abhandlungen über dieses Phänomen geschrieben.

2.) Was sind chemische Kräfte und Stoffe im Verhältnis zur geistigen Welt?

In der Welt sind eine Anzahl Substanzen, die verbindbar und trennbar sind; was wir Chemismus nennen, ist hineinprojiziert in die physische Welt aus der Welt des Devachan, der Sphärenharmonie. Sodass in der Verbindung zweier Stoffe nach ihren Atomgewichten wir die Abschattung haben zweier Töne der Sphärenharmonie. Die chemische Verwandtschaft zweier Stoffe in der physischen Welt ist eine Abschattung aus der Welt der Sphärenharmonie. Die Zahlenverhältnisse der Chemie sind wirklich die Ausdrücke für die Zahlenverhältnisse der Sphärenharmonie. Diese letztere ist stumm geworden durch die Verdichtung der Materie; würde man die Stoffe tatsächlich bis zur ätherischen Verdünnung bringen und die Atomzahlen als innerlich formendes Prinzip wahrnehmen können, so würde man die Sphärenharmonie hören. Man hat die physische, die astralische Welt, das untere Devachan und das obere Devachan. Wenn man nun einen Körper noch weiter hinunterdrückt als zur physischen Welt, dann kommt man in die unterphysische Welt, in die unterastralische Welt, das untere oder schlechte Unterdevachan und das untere oder schlechte Oberdevachan. Die schlechte Astralwelt ist das Gebiet des Luzifer, das schlechte untere Devachan ist das Gebiet des Ahriman und das schlechte obere Devachan ist das Gebiet der Asuras. Wenn man den Chemismus noch weiter hinunterstößt als unter den physischen Plan, in die schlechte astralische Welt, entsteht Magnetismus, und wenn man das Licht ins Untermaterielle stößt, also um eine Stufe tiefer als die materielle Welt, entsteht die Elektrizität. Wenn wir das, was lebt in der Sphärenharmonie, noch weiter hinabstoßen bis zu den Asuras, dann gibt es eine noch furchtbarere Kraft, die nicht mehr lange wird geheim gehalten werden können. Man muss nur wünschen, dass wenn diese Kraft, die wir uns viel, viel stärker vorstellen müssen als die stärksten elektrischen Entladungen; sie wird jedenfalls kommen und man muss wünschen, dass bevor diese Kraft der Menschheit durch einen Erfinder gegeben wird, die Menschen nichts Unmoralisches mehr an sich haben werden.

3.) Wie wird man die Trostworte des Christus verstehen?

Die Menschen werden fühlen, wie durch ihr eigenes Herz, diese Trostworte. Es kann sich auch wie ein physisches Hören ausnehmen.

4.) Was ist Elektrizität?

Elektrizität ist Licht in untermateriellem Zustand. Da ist das Licht in der schwersten Weise zusammengepresst. Dem Licht muss man auch Innerlichkeit zusprechen; es ist in jedem Punkte es selbst. Wärme kann sich in drei Richtungen des Raumes ausdehnen; beim Licht müssen wir von einer vierten sprechen; es ist vierfach ausgedehnt; es hat Innerlichkeit als viertes.

5.) Was geschieht mit dem Erdenleichnam?

Wir haben als Rest der Mondenentwicklung unseren Mond, der die Erde umkreist. Ebenso wird sein für die Erde ein Rest, der den Jupiter umkreisen wird. Dann lösen sich die Reste allmählich auf zum allgemeinen Weltenäther. Auf der Venus wird ein Rest nicht mehr sein. Sie erscheint zunächst als reine Wärme; wird dann Licht und geht wiederum in die geistige Welt hinein. Für die Erde wird der Rest zum Leichnam. Aber das ist ein Weg, der von den Menschen nicht mitgemacht werden darf, da er furchtbaren Qualen dadurch ausgesetzt sein würde; aber es gehen wohl Wesen mit diesem Leichnam, da sie sich selber höher entwickeln werden dadurch.

Faksimilierte Klartextnachschriften:

Selbsterkenntnis.
ooooooooooooooooooooooooooooooo

X gedruckt

Logenvortrag von Dr.Rudolf Steiner,gehalten

zu Basel, am 1. Oktober 1911.

oooooooo

Die Selbsterkenntnis des Menschen ist zwar als eine Aufforderung an unsere Seele durch alle Zeiten hindurch ,in denen man
mystisch oder realistisch oder sonst überhaupt nach Erkenntnis gestrebt hat,gefordert worden; doch ist,wie ja auch schon bei anderen
Gelegenheiten wiederholt betont werden musste,diese Selbsterkenntnis
der Seele ,der menschlichen Seele,keineswegs so leicht,als recht
viele auch unter den Theosophen sich zuweilen noch vorstellt . Und
die Schwierigkeiten der menschlichen Selbsterkenntnis sind etwas, das
der Theosoph sich doch immer wieder und wiederum vor die Seele rufen
sollte,weil ja auf der anderen Seite diese Selbsterkenntnis das
Notwendigste ist,wenn wir überhaupt zu einem menschenwürdigen Ziel
im Weltensein, zu einem wirklichen menschenwürdigen Dasein und Bewusst-
kommen wollen. Wir wollen uns heute nun ein wenig zunächst ,meine
lieben theosophischen Freunde,mit der Frage beschäftigen,warum die
Selbsterkenntnis für den Menschen schwierig sein muss!

Nun sehen Sie,der Mensch ist ja nun einmal ein recht kompliziertes Wesen und wenn wir etwas sprechen von menschlichen Se-

48

--- Auf eine Frage nach dem Verhältnis der Chemie zur geistigen Welt der Sphärenharmonie, antwortete Dr.Steiner ungefähr folgendermassen:

Was wir Chemismus nennen, ist projiziert in die physische Welt, was wir in der devachanischen Welt nennen die Welt der Sphärenharmonie. Sodass in der Verbindung zweier Stoffe nach ihren Atomgewichten wir die Abschattung haben zweier Töne der Sphärenharmonie. Die chemische Verwandtschaft in der physischen Welt ist eine Abschattung aus der Welt der Sphärenharmonie. Die Zahlenverhältnisse der Chemie sind wirklich die Zahlenverhältnisse für Ausdrücke der Sphärenharmonie. Diese letztere ist stumm geworden durch die Verdichtung der Materie; würde man die Stoffe tatsächlich bis zur ätherischen Verdünnung bringen, so würde man die Sphärenharmonie hören. Man hat die physische, die ätherische Welt, das untere Devachan und das obere Devachan. Wenn man nun einen Körper noch weiter nach hinunter drückt als zur physischen Welt, dann kommt man in die unterphysische Welt, in die unterastralische Welt, das untere oder schlechte Unterdevachan und das untere oder schlechte Obere-Devachan. Die schlechte Astralwelt ist das Gebiet des Lucifer, das schlechte untere Devachan ist das Gebiet des Ahriman und das schlechte obere Devachan ist das Gebiet des Asuras. Wenn man den Chemismus noch weiter hinunterstösst in die schlechte astralische Welt, entsteht Magnetismus, und wenn man das Licht ins Untermaterielle stösst, also um eine Stufe tiefer als die materielle Welt, entsteht die Elektrizität. -Dann gibt es eine noch furchtbarere Kraft. Man muss nur wünschen, dass, wenn diese Kraft, die wir uns viel, viel stärker vorstellen müssen als die stärksten elektrischen Entladungen, man muss wünschen, dass, bevor diese Kraft der

Vortrag von Dr. Rudolf Steiner
über Selbsterkenntnis
im Baseler Zweig am 1. Oktober 1911. *gedruckt 1933*

Die Selbsterkenntnis des Menschen ist zwar als eine Aufforderung
an unsere Seele durch alle Zeiten hindurch, in denen man mystisch oder
realistisch oder sonst überhaupt nach Erkenntnis gestrebt hat, gefordert
worden; doch ist, wie ja auch schon bei anderer Gelegenheit wiederholt
betont werden musste, diese Selbsterkenntnis der Seele, der menschlichen
Seele, keineswegs so leicht, wie recht viele auch unter den Anthroposophen
sich zuweilen noch vorstellen. Und die Schwierigkeiten der menschlichen
Selbsterkenntnis sind etwas, was der Anthroposoph sich doch immer wieder
und wiederum vor die Seele rücken sollte, weil ja auf der anderen Seite
diese Selbsterkenntnis das Notwendigste ist, wenn wir überhaupt zu einem
menschenwürdigen Ziel im Weltensein, zu einem wirklichen menschenwürdigen
Dasein und Handeln kommen wollen. Wir wollen uns heute nun ein wenig
zunächst, meine lieben anthroposophischen Freunde, mit der Frage beschäftigen, warum denn Selbsterkenntnis für den Menschen schwierig sein
muss.

Nun sehen Sie, der Mensch ist ja nun einmal ein recht kompliziertes Wesen, und wenn wir etwa sprechen vom menschlichen Seelen--
menschlichen Innenleben, so wollen wir uns dieses Seelenleben, dieses
Innenleben keineswegs elementar oder einfach von vornherein vorstellen,
sondern wir wollen die Geduld und die Ausdauer haben, immer tiefer
dringen zu wollen, um diesen Wunderbau, diese wunderbare Organisation der
göttlich-geistigen Weltenmächte, als welche der Mensch erscheinen kann,
nach und nach wirklich zu durchdringen. Zweierlei kann uns auffallen,
bevor wir in das Wesen des Erkennens eindringen, an dem Leben der menschlichen Seele. Gleichsam wie der Magnet Nordpol und Südpol hat, wie in

Vortrag

von

Dr. Rudolf Steiner

gehalten am 1. Oktober 1911 in Basel.

Die Selbsterkenntnis des Menschen ist zwar als eine Aufforderung an unsere Seele durch alle Zeiten hindurch, in denen man mystisch oder realistisch oder sonst überhaupt nach Erkenntnis gestrebt
hat, gefordert worden; doch ist, wie ja auch schon bei anderen Gelegenheiten wiederholt betont werden musste, diese Selbsterkenntnis
der Seele, der menschlichen Seele, keineswegs so leicht, als recht
viele auch unter den Theosophen sich zuweilen noch vorstellen. Und
die Schwierigkeiten der menschlichen Selbsterkenntnis sind etwas,
was der Theosoph sich doch immer wieder und wiederum vor die Seele
rücken sollte, weil ja auf der anderen Seite diese Selbsterkenntnis das Notwendigste ist, wenn wir überhaupt zu einem menschenwürdigen Ziel im Weltensein, zu einem wirklichen menschenwürdigen Dasein und Handeln kommen wollen. Wir wollen uns heute nun ein wenig

51

Fragenbeantwortung nach dem Vortrag "Selbsterkenntnis" am:

I. Oktober 1911 zu B a s e l

von

Dr. Rudolf S t e i n e r.

I.) **Wie versteht man das "mit Zungen reden" beim Apostel Paulus?**

Bei Ausnahmemenschen kann es vorkommen, dass nicht nur das
Phänomen des Sprechens im Wachzustande allein da ist, sondern es
geht etwas in dieses Sprechen, was sonst nur im Schlafbewusstsein
da ist. Das ist das Phänomen, von dem Paulus spricht. Goethe spricht
darüber von demselben Standpunkte aus. Er hat zwei sehr schöne Abhandlungen über dieses Phänomen geschrieben.

2.) **Was sind chemische Kräfte und Stoffe im Verhältnis zur geistigen**
Welt?

In der Welt sind eine Anzahl Substanzen, die verbindbar und
trennbar sind; was wir Chemismus nennen, ist hineinprojiziert in die
physische Welt aus der Welt des Devachan, der Sphärenharmonie. So
dass in der Verbindung zweier Stoffe nach ihren Atomgewichten wir die
Abschattung haben zweier Töne der Sphärenharmonie. Die chemische
Verwandtschaft zweier Stoffe in der physischen Welt ist eine Abschattun
aus der Welt der Sphärenharmonie. Die Zahlenverhältnisse der Chemie
sind wirklich die Ausdrücke für die Zahlenverhältnisse der Sphärenharmonie. Diese letztere ist stumm geworden durch die Verdichtung
der Materie; würde man die Stoffe tatsächlich bis zur ätherischen
Verdünnung bringen und die Atomzahlen als innerlich formendes Prinzip
wahrnehmen können, so würde man die Sphärenharmonie hören. Man hat
die physische, die asralische Welt, das untere Devachan und das obere

Es wird von dem Menschen der heutigen Zeit gefordert
die Selbsterkenntnis, u. dieselbe ist keineswegs so
leicht wie Manche glauben möchten. Der Mensch
sollte sich aber vor die Seele rücken, warum diese
Selbsterkenntnis eben so schwierig ist? Wir gehören
mit unseren verschiedenen Leibern verschiedenen
Welten an. Das Innenleben des Menschen ist aber
auch keineswegs so einfach u. der Mensch muss
Geduld u. Ausdauer haben u. diesen Wunderbau
nach u. nach durchdringen. Es treten da 2 erlei
Pole hervor. Ein heller u. ein dunkler Pol und
das sind 2 Lagen des Lebens des Menschen.
Nehmen wir zwei verschiedene Beispiele:
1.) Ein Mensch geht auf der Strasse versunken
in Gedanken, in Betrachtung eines Gegenstandes.
2.) Ein anderer geht über die Strasse, er wird
gestossen, glaubt sich beleidigt u. versetzt einem
Andern einen Schlag im Zorn. Letzterer hat
nicht viel nachgedacht. Der erste hat die
Impulsivität des Willens. Der 2.te ist willenlos.
Nehmen wir die Polarität von Wachen und
Schlafen. Eigentlich schläft der Mensch immer.

Nur anders bei Tag u. anders bei Nacht. Er wacht erst auf beim Schauen in die geist. Welten. Wenig Gewalt über seinen Willen hat der Mensch. Wenig von dem was der Mensch tut ist von seinem Centrum heraus verursacht u. warum? Weil der Wille des Menschen bei Tag schläft. Nichts können wir dagegen machen. Nur auf dem Umweg durch den Schlaf arbeitet unser Wille. Der Wille wacht im Schlaf. Dies ist eine Anregung zur Meditation. Bei Nacht schläft das Vorstellungsleben u. es wacht der Wille. Und umgekehrt ist es bei Tag. Das ganze Seelenleben des Menschen liegt zwischen Wollen u. Vorstellung. Dem Materialisten erscheint das Vorstellungsleben als etwas unreales. Der Mensch kennt seine Gedanken nicht. Schattenbilder sind seine Gedanken vom astralen Plan.

Astralplan.

Menschliches Haupt

So kommt das Gedankenleben herein in das menschl. Gehirn von dem Astralplan. Da unterscheiden wir sympathische Gedanken u. unsympathische. Das Wohlwollen und das

Übelwollen, oder Sympathie oder Antipathie das sitzt
in unserem Haupt u. Kommt herein vom Astralplan. In unserer Brust (Herz) sind die Gefühle
des Devachan d. h. die Abschattungen davon. Äste-
tisches Gefühl u. Moral. Selbst Gutes tun Kommt
aus dem Nirwana, der höheren himmlischen Welt.
Die Schattenbilder sind es die das Verbinden
der beiden Pole bewirken.
1.) Das Wachen in Bezug auf den Intellekt bei Tag.
2. Das Wachen in Bezug des Willen bei Nacht.
So wie der Mensch heute ist vermag er nur
etwas über dem intellekten Pol. Im Moralischen
müssen ihm die Götter helfen. Umwandeln
Können wir dann das, was wir in Gedanken
aufnehmen in Güte u. Liebe. Es ist für einen
Menschen traurig immer zu wachen u. nicht
einen Teil seiner Zeit zu verwenden um zu
Kunst etc. zu träumen. Herrlich ist es sich
seinen Gedanken überlassen und träumen
bei Tag ist sehr gut. Das heißt man Leben
in seiner Phantasie. Hinträumen des Tages
u. Träumen bei Nacht. Der feste Schlaf ist die
Wirkung der Moralität an dem Willen.
Das hellseherische Auge sieht die Lichtsäume

sie heraufsteigen vom Herzen zum Gehirn u. umspielen die Zirbeldrüse die im Gehirn hängt wie eine Laterne. Diese Strömungen bewirken die Auflösung des Blutes in eine aetherische Substanz beim Wachen Zustand. Beim Schlaf Zustand gehen Strömungen von Aussen herein, die sehr verschieden sind. Je nach den Gesinnungen u. Gedanken der Menschen. So ist z. B. die Eitelkeit da sehr gut erkennbar u. wird durch diese Strömungen leicht verraten. Da strömt ein eine rotbraune Farbe während bei edler Gesinnung eine Lila Farbe einströmt. So zeigt sich der Kampf beim Schlafen oder Wachen zwischen den Elementen der Zirbeldrüse nach ab u. aufwärts. Es strömt aus ein glimmendes Licht u. ist ganz ruhig. Es ist ein Kampf bis in die Herzgegend. Wie im Makrokosmos so im Mikrokosmos. Das Mysterium von Golgatha bewirkte ein verdünnen, ein aetherisieren der Blutsubstanz. Dieses Blut ist etwas ganz besonderes gewesen. Es hatte in sich eine verbindende Substanz mit der Erde. Dieses Blut machte einen Aetherisirungs-Prozess durch. Es strömt in der Wirkung von unten nach oben. Das aetherische Blut des Jesus von Nazareth strömt zusammen mit dem menschl. Blut, wenn das richtige Verständnis für den Christus-Impuls da ist. Wenn nicht, so stossen sich die beiden Substanzen ab. Denken wir an die Johannestaufe u. ändern wir unsern Sinn. Befreien sollen wir das, was vom Herzen zum Gehirn strömt. Begreifen lernen müssen wir den aetherischen Christus. Erleben das Schauen der Christus-Gestalt. Der aetherische Christus wird erscheinen den Mühseligen u. Beladenen. Er wird Trostesworte sprechen die man fühlen die man auch hören kann. In Versammlungen wird er erscheinen. Alles andere ist völlig unbedeutend sagen. Es sind die Christuskräfte positive Kräfte. Wie ganz anders sind die Menschen von heute gegenüber den früheren Erdenmenschen. Früher bauten sich die Menschen Häuser u. Paläste aus lebenden Pflanzen Bäumen indem sie dieselben übereinanderbogen. Heute wird erst Alles gefällt, getötet, zerstört um Häuser zu bauen. Bis in die Atlantische Zeit war der Erdenprozess ein Aufbauender, von da an war er ein Zerstörender. Das elektrische Licht

zerstört sich in sich selbst. Der Magnetismus ist
eine zerstörende chemische Kraft. Die Erde muß
zerstört werden, der Erdenleib muß zerstört werden
um den Geist der Erde frei zu machen, um zu
dem Jupiter zu gelangen. Es müssen hier eindringen ins Erdendasein die geist. Kräfte. Die
Erde muß aetherisch werden. Und ein solcher
aetherischer Leib muß wirken können an
100 an 1000 Orten zugleich. Da schmelzen die
2 Pole zur Einheit. Der Wille soll durchdrungen
werden vom Guten u. Wahren. Socrates hat
geträumt die Tugend werde lehrbar sein und
es wird das wahr sein. Schopenhauer sagt:
„Moral predigen ist ein Leichtes — Moral begründen sehr schwer. Paulus sagt nicht umsonst:
„Der Geist ist willig, aber das Fleisch ist schwach.
Das Moralische gehört zur Erde. Die Mächte
Ahriman u. Luzifer u. Azuras sind böse u.
befallen den Menschen, daß er böse wird.
Je größer das Gute, desto schlimmer ist da das
Böse. Ahriman wirkt in der Astralsphäre
Luzifer im Devachan u. die Azuras im
höheren Devachan. Die Azuras haben sich
bei uns noch nicht gezeigt, sie sind die

furchtbarsten bösen Mächte von allen Dreien.
Erst wenn die moralische Atmosphäre zuge=
nommen haben wird u. die Erde getaucht
sein wird in moralische Aethersphäre und
keine Gefahr mehr da ist für Missbrauch der
Azúakräfte, erst dann wird es eine Erfindung
geben der Kräfte der Azúas. So sagte schon
Buddha Sarou. Die indischen Rishis sprachen
Sarou. Die Feuer u. Lichtsöhne sind Gefolgschaften
des Christus. Es sind Akhasagestalten benennt
die Agnisathwas. Es müssen sich verbinden
die orientalische Mystik mit dem Christentum
des Abendlandes.
100 Jahre vor Christus war der Jeshu ben Pandira.
3000 Jahre nach unsrer Zeit wird derselbe sein
der Maytraya Budda. Jetzt ist es der Bodhisatt=
wa. Erkennen kann man den der es sein wird,
daran, dass er heranwächst so - dass in seiner
Jugend Niemand ahnen wird, wer er ist.—
Der Mensch hängt zusammen mit allen höheren
Wesen. Welten sind die Leibesglieder der höheren
Wesenheiten, wie unser phys. Leib aether. u. ashal
Leib unsre Glieder sind. Wir sollen uns bewusst
sein unsrer Menschenwürde. Wir sollen

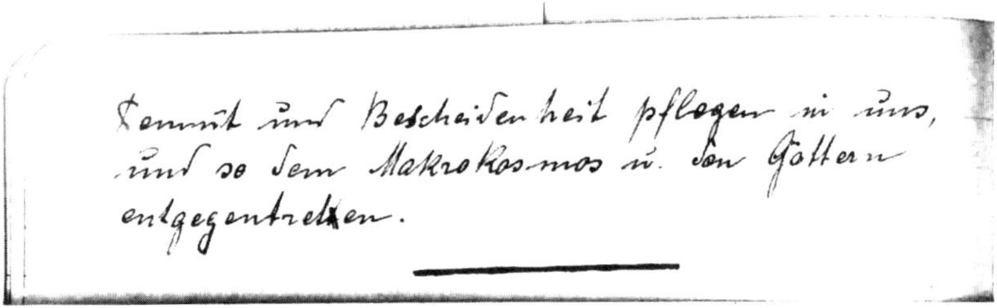

[handschriftlicher Text:]
Demut und Bescheidenheit pflegen in uns, und so dem Makrokosmos u. den Göttern entgegentreten.

—————————————

Für eine leichtere Lesbarkeit sind folgende **Wortersetzungen** vorgenommen worden (im Text durch ° gekennzeichnet):

Welt°	*ersetzt*	Plan
niedere/höhere geistige° Welt		niederes/höheres Devachan

Zu dieser Ausgabe

Dem hier veröffentlichten Vortrag liegt eine Klartextnachschrift von Hand zugrunde (s. Faksimile S. 53-60), die den Charakter von Notizen trägt.

Der Vortrag ist auch in der Rudolf Steiner Gesamtausgabe Bibl.-Nr. 130 – Rudolf Steiner, *Das esoterische Christentum und die geistige Führung der Menschheit* – in einer Fassung erschienen, die stark ausgeprägte redaktionelle Bearbeitungszüge aufweist – in Form einer Fülle von Wendungen, die nicht von Rudolf Steiner stammen können. Die Nachschrift von Hand wird nicht erwähnt.

Eine Prüfung durch den Redakteur hat ergeben, dass der Verfasser des stark erweiterten Textes von GA 130 nur die auch für diese Ausgabe zugrunde gelegte Nachschrift von Hand zur Verfügung hatte.

Als Grundlage für den Textvergleich (s. S. 14-42) wird hier die älteste maschinengeschriebene Klartextnachschrift (s. erste Seite auf S. 48) unrediert verwendet, deren Text dem von GA 130 gleicht. Von den Fragenbeantwortungen enthält sie nur die zweite (s. S. 49).

Alle vorhandenen Klartextnachschriften sind zudem auf der Webseite des Archiati Verlages einsehbar.

Die Vorträge von Rudolf Steiner

Rudolf Steiner hat vor den unterschiedlichsten Menschengruppen einige tausend Vorträge gehalten, davon viele öffentlich. Um möglichst genau zu erfahren, was Rudolf Steiner gesagt hat, ist eine gewissenhafte Prüfung der überlieferten Unterlagen und eine Vertrautheit mit Steiners Denk- und Sprechweise erforderlich.

Bis 1915/16 haben verschiedene Zuhörer die Vorträge stenografiert. Mit der Redaktion hat Marie Steiner in der Regel Walter Vegelahn beauftragt. Vegelahn hat die Klartextnachschriften sehr stark erweitert. Seine Redaktion liegt zahlreichen Bänden der Rudolf Steiner Gesamtausgabe zugrunde. Der Archiati Verlag geht demgegenüber auf die ursprünglichen Klartextnachschriften zurück, soweit diese ihm vorliegen.

Ab 1915/1916 wurde eine Berufsstenografin, Helene Finckh, mit dem Stenografieren beauftragt. Ihre Stenogramme gelten als dem von Rudolf Steiner gesprochenen Wort treu und ihre Übertragung wiederum als dem Stenogramm entsprechend. Um dieses Letzte zu prüfen, wäre ein Vergleich der Klartextnachschriften mit den Stenogrammen nötig. Diese besitzt die Rudolf Steiner Nachlassverwaltung, die einen Vergleich mit den Stenogrammen Außenstehenden nicht gestattet. Wir hoffen auf einen Sinneswandel der Verantwortlichen, wodurch im Internet allen Menschen der Zugang zu den Stenogrammen ermöglicht wird.

Der Archiati Verlag ist bestrebt, wissenschaftliche Genauigkeit mit allgemeiner Zugänglichkeit zu verbinden. Ein Beispiel dafür ist die Handhabung von Wörtern, die heute ungebräuchlich sind oder eine andere Bedeutung angenommen haben. Ersetzungen werden mit einem hochgestellten kleinen Kreis (°) kenntlich gemacht – z. B. Frau° für Weib. Am Ende des Textes findet der Leser die Liste der ersetzten Worte. Fremd- oder schwer verständliche Wörter werden zuweilen auch in Klammern «übersetzt» – z. B. Parenthese (Klammer).

Als Rudolf Steiner die Theosophische Gesellschaft verlassen musste, gab er die Anweisung, dass in seinen Vorträgen «Theosophie» und «theosophisch» durch «Anthroposophie» und «anthroposophisch» ersetzt werden. Geisteswissenschaft war für ihn vor allem Leben, und um dem Leben zu dienen, muss man in Bezug auf die Terminologie beweglich bleiben. Immer wieder betonte er, dass die Terminologie reines Mittel zum Zweck ist.

Mensch- und Erdentwicklung

7 planetarische Zustände der Erde	1. Saturn-, 2. Sonnen-, 3. Mond-Erde, 4. Erde (jetziger Planet), 5. Jupiter-, 6. Venus-, 7. Vulkan-Erde
7 geologische Epochen der jetzigen Erde	1. Polarische, 2. hyperboräische, 3. lemurische, 4. atlantische Erdepoche 5. nachatlantische (die jetzige), 6., 7. Erdepoche
7 Kulturperioden der «nach-atlantischen» Zeit (je 2160 J.)	1. Indische, 2. persische, 3. ägypt.-chaldäische, 4. griech.-römische Kulturper. (747 v.–1413 n.Chr.); 5. unsere Kulturper. (1413–3573 n.Chr.), 6., 7. Kulturper.

Das Wesen des Menschen

3 Körper-Hüllen:	1. Physischer Körper, 2. Ätherleib, Bildekräfteleib, 3. Astralleib
3 Seelen-Kräfte:	1. Empfindungsseele, 2. Gemüts- oder Verstandesseele, 3. Bewusstseinsseele
3 Geistes-Glieder:	1. Geistselbst (höheres Ich), 2. Lebensgeist, 3. Geistesmensch
Aus 9 wird 7:	1. Physischer Leib, 2. Ätherleib, 3. Astralleib, 4. Ich, 5. Geistselbst, 6. Lebensgeist, 7. Geistesmensch

Dreiheit in Mensch und Welt

Geistige Wesen:	Luzifer	Christus	Ahriman
Evangelium:	Diabolos	Streben nach Gleich-gewicht	Satanas
Geistig:	Spiritualismus		Materialismus
Seelisch:	Schwärmerei		Pedanterie
Physisch:	Entzündung		Sklerose
Moralisch:	hemmend	fördernd	hemmend

Naturelemente

Ätherwelt:	Wärmeäther	Lichtäther	Ton-/Zahlenäther	Lebensäther
Phys. Welt:	Wärme	Luft	Wasser	Erde
Unternatur:	Schwerkraft	Elektrizität	Magnetismus	Atomkraft
Naturgeister:	Salamander	Sylphen	Undinen	Gnome

Stufen der Einweihung

1. Imagination:	Bilder sehen – in der Akasha-Chronik (Ätherwelt)
2. Inspiration:	Worte hören – in der Seelenwelt (Astralwelt)
3. Intuition:	Wesen erkennen – in der geistigen Welt (Devachan)

Rudolf Steiner (1861-1925) hat die moderne Naturwissenschaft durch eine umfassende Wissenschaft des Übersinnlich-Geistigen ergänzt. Seine «Anthroposophie» ist in der heutigen Kultur eine einzigartige Herausforderung zur Überwindung des Materialismus, dieser leidvollen Sackgasse der Menschheitsentwicklung.

Steiners Geisteswissenschaft ist keine bloße Theorie. Ihre Fruchtbarkeit zeigt sie vor allem in der Erneuerung verschiedener Bereiche des Lebens: der Erziehung, der Medizin, der Kunst, der Religion, der Landwirtschaft, bis hin zu einer gesunden Dreigliederung des ganzen sozialen Organismus, in der Kultur, Rechtsleben und Wirtschaft genügend voneinander unabhängig gestaltet werden und sich dadurch gesund entfalten können.

Von der etablierten Kultur ist Rudolf Steiner bis heute im Wesentlichen ignoriert worden. Dies vielleicht deshalb, weil viele Menschen vor der Wahl zwischen Macht und Menschlichkeit, zwischen Geld und Geist, zurückschrecken. In dieser Wahl liegt jene innere Erfahrung der Freiheit, die vor zweitausend Jahren allen Menschen möglich gemacht wurde und die zu einer zunehmenden Scheidung der Geister in der Menschheit führt.

Die Geisteswissenschaft Rudolf Steiners kann weder ein elitäres noch ein Massenphänomen sein: Einerseits kann nur der einzelne Mensch in seiner Freiheit dazu Stellung nehmen und sie ergreifen, andrerseits kann dieser Einzelne in allen Schichten der Gesellschaft und in allen Völkern und Religionen der Menschheit seine Wurzeln haben.